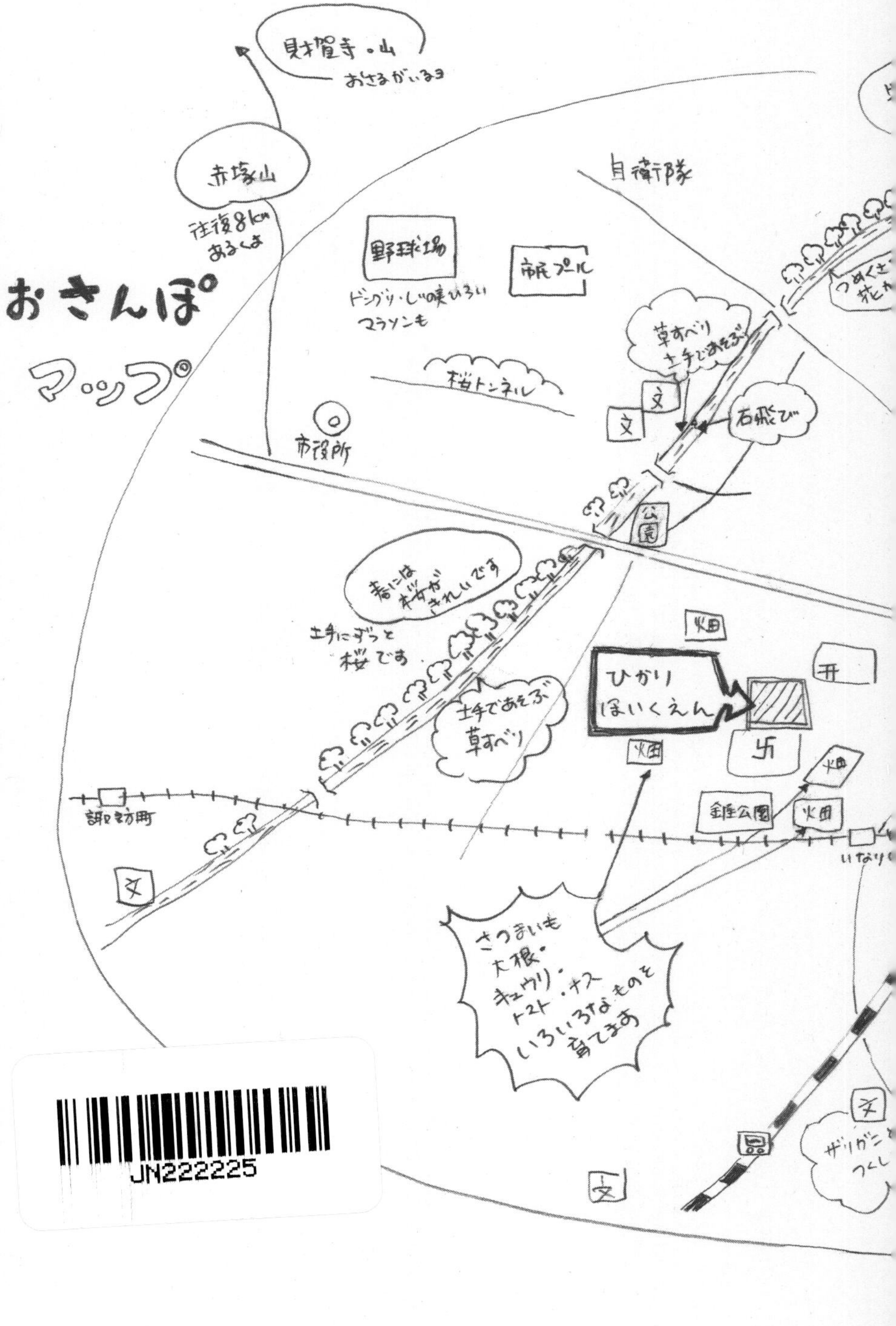
おさんぽ
マップ
財賀寺・山
おさるがいるヨ
赤塚山
往復8km
あるくよ
自衛隊
野球場
市民プール
ドングリ・しいの実ひろい
マラソンも
桜トンネル
市役所
草すべり
土手であそぶ
文
文
石飛び
公園
春には桜がきれいです
土手にずっと桜です
土手であそぶ
草すべり
畑
ひかり
ほいくえん
畑
卍
畑
畑
諏訪町
文
さつまいも
大根・
キュウリ・
トマト・ナス
いろいろなものを
育てます
文
文
ザリガニ
つくし

こどもと暮らす

「自ら動きだす力」を育む
保育

藤田裕子
Fujita Hiroko
解説 勅使千鶴

ひとなる書房

本書発刊に寄せて

昔懐かしく、今も変わらぬ保育をしていると感じます。子どもたちが保育園って楽しいと感ずればそれでいいと思っています。保育士は、子どもたちの年齢をしっかりおさえながら、その子その子が持っているエネルギーの爆発を上手に受け止めてあげなければいけないのです。それは保育士が「自ら楽しい」と感じないとなかなか受け取れません。一人ひとりの子どもの遊びを通し、保育を試行錯誤しながら自分も楽しめる保育ができるといいですね。

藤田裕子保育士は子どもの爆発を上手に受け止め保育されている一人です。ひかり保育園で長年経験を重ねるとともに研究熱心で何より「子ども中心の保育」を考えている人です。

神が子育てするのではありません。人が苦悩しながら人を育てるのでありますから、人らしく育つのです。保育士は「ありがたし」です。人らしく育てるには人の手で育てないといけませんね。この本からは子どもたちの子どもらしい育ちや姿、そして保育士が保育を楽しんでいる姿が見て取れます。

社会福祉法人久昌会理事長・ひかり保育園園長
伏見昭道

はじめに

春がもうここまで来ているなと思うと、こどもたちも一つ大きくなっていくうれしい季節を迎えます。小さいこどもたちもぐんとたくましくなっています。

いつも遊んでいるお宮の森で一歳になったばかりのこどもたちとゆったり過ごしていたら、ハッとしました。何年もここにいるのに、心踊る発見でした。お宮の森の裏のくすのきが圧倒的な存在感でそこに立っていました。そのくすのきには、いっぱいの鳥たちが巣を作り、そこで暮らしているのです。樹々の間から、めじろが五、六羽飛び立っていきました。そのきれいなきみどり色の姿にくぎづけになりました。シジュウカラ、ヤマガラ、ムクドリたちが次々と飛び立ち、帰ってきます。陽だまりで遊んでいるこどもたちの上を帰ってくる鳥たちが影を落とすので、まりがハッとして、空を見上げていました。ゆっくり流れる空気。小さいこどもたちと暮らす中で、その子の目線の先にワクワクするものを見つける幸せな時です。

この子たちはくるくる動いてよく遊びます。ハイハイの時期をみごとに過ごしたこどもはなんと意欲的なんだろうと目をみはります。両生類のようなハイハイを気持ちがいいくらいしたまりは、床からしっかり一人で立ち上がり、今では歩くのがうれしくてたまらないのです。フフフとよく笑い、ことばにならないことばでずっと声を出しておしゃべりしています。まりのがっちりとした足腰はほんとに意欲の源のように思えてくるのです。〇歳のこどもたちとの暮らしに保育の原点を見る思いがします。

滑り台コーナー大好き（0歳児室）

ひかり保育園は愛知県豊川市にある百三十名定員の保育園です。二〇〇七年三月の新園舎完成に伴い、休日保育と一時保育が始まりました。二〇一四年四月からは障害児保育指定園になりました。

愛知県の東部、豊橋駅から飯田線に乗って十五分ほどで豊川駅に着きます。豊川駅を降りてまっすぐ西へ行くと、豊川稲荷があります。豊川稲荷は正月には、初詣での人で賑わいますが、普段は散歩に小さい子も出かけるお馴染みの場所になっています。豊川稲荷を過ぎて市街地を十五分くらい歩く

ぼうけんのへや

ひかり保育園玄関

と、ひかり保育園に着きます。外観は保育園らしくないのですが、アイアンの門（軽井沢・鐵音工房）のおしゃれな雰囲気の建物にこどもたちの元気な声が響いています。市街地といっても路地を入れば畑が点在していますし、少し行くと田んぼが広がっています。近くに祖父母がいて助けてもらえる家庭も多く、まだまだゆったりとした暮らしが息づいている地域です。

新しい園舎でこどもたちは遊び心を刺激され冒険の扉を開いていきます。「ぼうけんのへや」には網がはってあって、ロープ登りに挑戦します。また階段下を利用した「ひみつのへや」がしつらえてあり、こどもたちは隠れ家のようにして遊んでいます。冬になると「薪ストーブ」を焚いてのお楽しみがいっぱいです。給食のパンを焼いたり、餅ピザやさつまいもを焼いたり、時にはロウソク作りにも活躍します。

また散歩に出かけ、自然の中で思いっきり遊びます。園の近くを流れる佐奈川は格好の遊び場で、第二の園庭のように

ホールの薪ストーブ　階段の踊り場は小舞台

しています。この土手で赤ちゃんの時からハイハイして、手も足もしっかりと使って育っていきます。ちょうちょやバッタを追いかけ、土手をころげまわって遊びます。小さな花を見つけ、じっと見つめ、小さな手がその花に向かって伸びていく時がうれしい瞬間です。大きくなると、めだかとりに夢中になり、川遊びもダイナミックになっていきます。友だちと一緒に身体全体で遊び、うれしい発見を共有していくのです。

畑にはじゃがいも、たまねぎ、さつまいも、夏野菜、大根、水菜、ブロッコリーとその時々の野菜を育てています。夏の暑い時期にペットボトルで水を運んで水やりをしたり、草取りをして育ててきたこどもたちにとって収穫は何よりの贈り物です。きゅうりやトマトを丸かじりしたり、すぐに自分たちで料理していただくのは格別です。寒くなると園庭にくどを出して暖をとったり、料理をしたりすることもしばしばです。暖炉に火が入る頃には毎日のようにいい匂いがしてきます。
ひかり保育園のこどもたちとの暮らしの中で、私はどれだけたくさんの宝ものをもらったことでしょう。ひかり保育園では、自ら動きだす子どもを育てたいと願って「自然とともに育つ」と「こどもに本物を」を合言葉に保育を進めてきました。本書では、私が最後に受け持った幼児組の二つの実践を通して、保育の中で大切にしたい「あたりまえの暮らし」について考えてみたいと思います。登場するのは、仲間の中でやわらかくキリッと自らを変えていくたんぽぽ組（四歳児クラス）と、その前年に受け持った冒険と挑戦と手仕事が大好きなすみれ組（五歳児クラス）のこどもたちです。

二〇一九年一月

藤田裕子

実践の紹介にあたって、こどもたちの名前は仮名とさせていただきました。また、写真の掲載についてはすべて保護者にご了解をいただきました。みなさまに心より感謝申し上げます。

もくじ

2 天狗と一緒にもっともっと挑戦し続けるすみれ組（五歳児クラス） 55

1

身体も心も
思いっきり動かして育ち合う
たんぽぽ組

（四歳児クラス）

はる

たんぽぽのようにおひさまにむかってのびていこう
たんぽぽのようにどんなところにも根をはって
小さないのちを輝かせ、まぶしいほどの花を咲かせよう
うれしいときは大きい声でケタケタ笑い
さけびたくなるときは大声でさけんで
悲しいときにはいっぱい泣いていいんだよ
おもいっきり自分を出して、おもいっきりけんかをして
今だからなぐりあいのけんかだってすればいい
そうして自分のきもちを出せるから、ともだちのことも好きになれるんだね
みんなと一緒におもいっきりあそんで、おもいっきり笑いころげ
きらきらまぶしいたんぽぽの花がいっぱい咲くたんぽぽ組を
一緒につくっていこうね
十八人のこどもたちと、私と、お父さんお母さんたちと
一緒に手をつないでいろんなことをみつけていけたら素敵ですね
お父さんお母さんたち、いっぱい助けてくださいね

（こどもたちとの出会いにワクワクする四月にはじめて出したクラス便りより）

男の子十一人、女の子七人、自閉症スペクトラムのようじを含む男の子の多い元気のいいクラスです。三歳児クラスの時、担任がかわるなど混乱していたので、私が受け持つことになった久しぶりの四歳児クラスでした。

この元気のある男の子たちの心を動かす保育がしたいと思いました。真剣に向き合い、しばらく一緒にいると、「ぼくのことわかって」「もっと遊んで」の心の声が聞こえてくるようでした。一年の始まりに「なんだかおもしろそう」と思えるものをどれだけ用意できるかが重要です。そこをベースにして一つひとつルールを伝えていくことに心をくだくことにしました。この年のこどもたちは落ち着いて遊ぶことをあまりしてこなかったので集中してじっくり遊べる魅力的な空間を作りたいと考えました。こどもたちがどのように遊ぶのだろうと思い描き、部屋を作っていく時が一番楽しい時です。

たんぽぽ組の始まりの日

たんぽぽ組での生活が始まった日、部屋に入ったとたん、「なんだかおもしろそう」という顔になった子どもたち。すぐにパズルを始める子がいたり、ビー玉をころがしたり、絵本を手にとって見ています。しかし次々引っ張り出して、みるみるうちに雑然としてしまいました。そんな時にはすかさず、「一つ出したら、最後までやろうね」「こうやって放っていくと踏まれてこわれちゃうよ」などとその場で丁寧に対応して、日常の遊びの中で一つずつルールがあることを伝えていきます。

女の子たちはままごとの家を見つけて遊び始めました。何か作っているお母さんやお姉さんになってどんどんおもちゃを出していきます。家の中の小さいテーブルだけでは置けなくなって、落ちてしまうのが気になります。せっかく楽しそうに始まったので遊びがつながってほしいと声をかけてみました。「ここにもう一つテーブル出そうか」と長テーブルを用意しました。そして「まこちゃんたち、ごちそう作ったんだって、誰か食べにきてほしいね」とみんなに聞こえるようにつぶやきました。そうするとまこが「いらっしゃい、いらっしゃーい」と呼び始め、男の子たちもやってきて、いつの間にかレストランごっこになっていました。ここで私も仲間に入って、ままごとの家の小道具を出したり実際に使って見せたりします。

こどもの自主性を大事にしたいのはもちろんですが、だからといって何もしなくては遊びは広がっていきません。こどもたちだけではまだ経験も少ないのですから、私がおもしろそうなことをして見せたり、一緒に遊んで楽しかった経験を重ねていくことが大切だと思っています。自ら動きだし、自分の頭で考え、イメージ豊かに遊ぶこどもになってほしいと思えば、まず保育士の私が真剣におもしろがって遊ぶことです。こうした経験を重ねることで今度は「○○やってみよう」と自分たちで考えていけるようになるのではないでしょうか。

とにかく遊ぶ、遊ぶ、遊ぶ――島鬼はおもしろい

園庭に出てライン引きを持ってくると、「何が始まるんだろう」「おもしろそう」とみんな集まってきました。「島鬼、やってみようか?」「どんな島がいい?」と聞くと、「まーるくて大きいの」と言うこどもたちに応えて、大きな丸い島を作って遊び始めました。もちろん鬼は私です。はじめての島鬼ですから、私も真剣勝負です。こどもたちが走りまわるように私もびゅんびゅん走ります。こどもたちも捕まっては大変と大騒ぎです。私が必死に走って捕まえようとしてもこどもたちは逃げられると大喜びしています。

思いっきり走って、笑って、次は瞬時に「タッチ!」して捕まえてしまいます。捕まって悔しくて泣けてしまう子もいて、ハプニングも起こります。そんな時は「つよーい鬼の味方ができて

「どろんこは気持ちがいいよ」

うれしいなー」と言います。「たのむよ」とポンと肩を叩いてやります。「ヘンシーン、ガオー」と、くるっとまわって変身ポーズをするともうその気になって鬼になります。最後まで残った子がチャンピオンの簡単な鬼ごっこですが、どの子もチャンピオンになりたくて、夢中になります。チャンピオン賞の「ぐるぐるまわし」を私にしてもらうのが一番の楽しみなのです。みんなと一緒がうれしくておもしろくて「もう一回やろう」と何回も続きます。汗びっしょりになって「もう走れん」と言うまで続くのです。

ある時、島鬼で走りまわって暑くて暑くて、思わずこどもたちを誘って水遊びに出かけました。帳面カバンにパンツとタオルを入れてお出かけです。とはいっても四月、ずっと水で遊ぶにはまだ肌寒い季節ですから隣のお稲荷さんでお参りを先にします。「りっぱなたんぽぽさんになりますように」とお参りをして、またまた走って走って、裏の公園の水遊び場へ行き噴水の下をジャバジャバ、パンツ一丁になって遊びました。

とにかく一日じゅう身体ごと思いっきり遊びます。今は私がガキ大将になったつもりでこどもたちとくたくたになるまで遊んでいます。毎日、朝夕は鬼ごっこ、ころがしドッジに明け暮れ、日中は散歩に出かけて遊びました。

生活が変わる——自分のことは自分で

とにかく遊ぶ、思いっきり遊ぶ、「あーおもしろかった」と思えるまでとことん遊ぶことで、こどもたちの意識が変わっていきます。今まで何気なく過ごしていた生活が変わり始めます。そこで生活に目を向けられるように、私は前から準備します。「わかりやすくする」「待つ時間を少なくする」を頭において具体的に示し次にすることを明確にしていきます。

はじめの頃、散歩から帰ってくると座り込んで動かなかったり、何もしないでだらだらとしているこどもたちがいました。自分から動きだそうと思えるにはどうしたらいいかと考えて、まず

「自分のことは自分でする」ことに取り組みました。

こどもたちに「給食はセルフサービスにします。盛りつけたものを自分で取りにいきます」と言ってみました。四～五人のグループで全員支度ができたら、自分たちで「いただきます」をして食べることにしました。そうなると遅い子を呼んできたり声をかけたりして動きだします。

どこにでもいますが、嫌いな野菜を前にいつまでも食べられない子がいました。その都度「困っている時はがんばって言おうね」と声をかけます。時には「半分もらってあげるね」と助け船も出します。

ある時、「ピーマン嫌いだもんで、もらって」と言えたりかをほめて、「わかった。一個だけ食べてよ。あとは誰かもらってくれる？」とまわりに聞いてみると、「オレいいよ」と食べてもらって「ありがとう」とうれしそうでした。「今度ははじめに言えるといいね」に「うん、わかった」とすがすがしい顔をしていました。

こどもたちは「こうすればいい」とわかると、自分で言えるようになるのです。こんなふうに過ごしていると「一個はがんばって食べりんよ」と友だちに言われて、「わかった」とがんばったり、友だちに頼んで食べてもらったり、ほほえましいつながりが見られるようになります。

お昼寝の魔法

三歳児クラスの頃、お昼寝が嫌いなこどもたちでした。パタパタ走りまわったりふざけたりしているのは、暇している証拠なのです。何をしていいかわからないのかもしれません。そこで、お昼寝の時間は楽しい時間と思わせてしまおうと奮闘します。

布団の上の体操

これがお気に入りです。「静かにして」とか「待っててね」より「布団の上で体操しててね」のほうがこの子たちにはぴったりでした。私も布団の上で一緒に体操するのでうれしいようです。膝を抱えてころがったりでんぐり返しをしたり、リズムの金魚、かめ、どんぐり、自転車こぎ、ポルスカの曲に合わせて柔軟をしたり、ゴキブリ体操やお尻歩きも大好評です。その時に合わせていろいろとびだし、笑いころげ身体も心もやわらかくなっていきます。

うたとお話

絵本を読んで静かに布団に入ります。静かになると、「○○歌って」とせがまれたりします。そのうたを歌いながらお話をします。私流に話してしまうのですが、それをとても楽しみにしています。お話が大好きになる頃には長いお話の読み聞かせも加わります。はじめの頃、魔女の修行のお話や天狗のお話が大好きでした。

オルゴールヴァージョンのBGMで

子守唄がわりに歌いながら、一人ずつ順番に魔法をかけていきます。「もう魔法をかけたからね。眠れるよ」とそっと耳元でつぶやきます。小さい子のように眠ってしまうまではつき合えないけれど、順々に背中や腰に手を当ててフルフル揺すっていくだけで、すっかり魔法の世界に入ってしまいます。自分のところにも早く来てほしくて、静かに待っていてくれます。

四歳児といえども、一日に一回はこうしてふれあうことで心が和らいでいくようです。こうしていると、食事の片づけもパジャマに着替えるのも格段に早くなり、友だちと「○○して遊ぼう」などと声をかけ合って着替えています。もう一つ、部屋をじっくり遊ぶ魅力的な空間にしておくことも重要です。一ヵ月もする頃にはお昼寝の布団敷きもこどもたちから手伝ってくれるようになりました。一日の中にメリハリのある生活をつくることを心がけるとともに毎日のようにしたいことがあると、こどもたちは動きだします。

春の散歩はうれしい

春は毎日のように園をとび出して、散歩に出かけます。

少し遠出をして田んぼまで行った時のことです。そこに一面のたんぽぽを見つけて大喜びでした。フワフワの綿帽子を手にいっぱい摘んで、フーフー飛ばして笑っています。空いっぱいフワフワたんぽぽに包まれていました。

こどもたちはたんぽぽ笛が吹きたくて、作ってほしくて、私のまわりに集まってきます。「たんぽーぽ、ひーらいた♪」とたんぽぽ笛で歌うと目をまんまるにして聞いていました。

♪「たんぽぽひらいた」こばやしけいこ 詞／丸山亜季 曲

たんぽぽ笛

花の茎を切り、吹く方を少しつぶして口にくわえて吹くと音が出る。

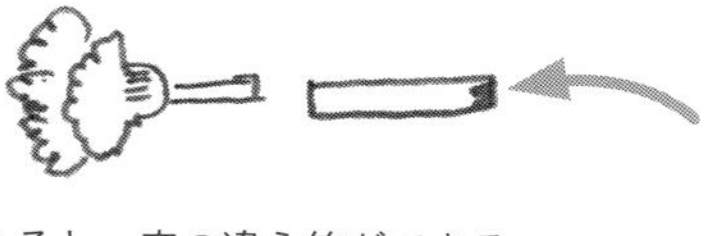

一方をつぶし、つぶした方をくわえる。

茎の長さを変えると、音の違う笛ができる。
長くすると低い音に、短くすると高い音になる。

少し向こうでゆうたが「自衛隊ガエル見つけたー」と。トノサマガエルの模様が自衛隊員の迷彩服のように見えたようです。行ってみるとトノサマガエルとにらめっこしていました。その拍子にピョンととんで、さちの帽子に飛びついたのでびっくりしました。園に帰って「どこに行ってきたの？」と聞かれて「たんぽぽ畑」とはりきって答えていました。

野球場に行くと、土手に着いたとたん、ころがって遊びます。でんぐり返しをしたり、ワニ競争をしたり、ころころころがってまたたく間に草だらけです。裸足になって走りまわって土手での鬼ごっこも大好きです。私も一緒になって草だらけ、走りまわって息が切れると寝っころがってしまいます。そうすると笑っていたこどもたちも一緒にころんと寝っころがって、気持ちよさそうにしています。おてんとさんがまぶしくて、まっさおな空がまぶしくて、本当にうれしくなります。フワフワ変わっていく雲に次々名前をつけていきます。「あっ、羊みたい。むくむく動いてる」「竜にかわった」「くも、飛んでくねー」「そんごくう、乗ってるかも」。こうして眺めているとお話の世界が広がっていくようです。そんな時大好きになった「そんごくう♪」のうたを歌うと本当にそんごくうになってしまうように思えるから不思議です。

遠足で赤塚山に行きました。一年に何回も出かけるのですが、赤塚山へ行く日は園長先生が給食を運んで下さって一日中遊んできます。赤塚山に出かける途中に一面の麦畑があります。春になるとヒバリに会いたくなる私のうれしいひとときです。麦畑のそばにみんなで座ってそっと息

♪「そんごくう」深沢一夫 詞／間宮芳生 曲

をひそめます。そうするとピチピチピチピチといい声が聞こえてきます。空高くでピチピチ歌っているヒバリをみんなで見上げます。よーく見るとうんと高いところに小さく見えるヒバリがあっちにもこっちにもいて大喜びです。ハッとすると、麦畑のすぐそばからピチピチピチピチヒバリがまっすぐに、空高くのぼっていったのです。「飛んでったねー」と顔を見合わせていました。「お家があるのかなー、ほら、もう、あんなとこまで……おひさまに届きそうだね」と私もこどもも一緒にワクワクします。

どこまでも広がる麦畑にいると、いっぱいの麦の穂がサワサワと揺れて風の道が見えるようです。サワサワ歌っているようにも聞こえます。「はーるだはるだロンランラッテイルリール」と春のうたを歌いたくなりました。♪もう少し行って田んぼに降りてみたら、今度はかわいいカエルがぴょこぴょこ。いっぱいのカエルに、「とんだー」とすっとんきょうな声をあげ、カエルを追いかけ、捕まえたくて大騒ぎです。その中に一匹だけみどりのアマガエルがいて「カエルのみどりちゃん、いたー」と大感激しています。少し前に読んだばかりのお話を思い出していました。

そして赤塚山に着くと、ちびっこ探検隊に変身します。去年の年長組が歌っていた「少年少女冒険隊♪」のうたを歌って山の探検に出かけました。こうじとたかしが雌竹を見つけて大喜び、ヒョコヒョコ揺れて鹿踊りのようで私までうれしくなりました。道のないところをわざわざ登って行って、葉っぱの絨毯に乗ってお尻でスルスル滑ります。山の滑り台に興奮して、まっ黒に

♪「春だ春だ」フランス民謡／作詞者不詳
♪「少年少女冒険隊」柚梨太郎 詞／曲

なって楽しみました。小さな擦り傷などへっちゃらなこどもたちでした。

春の散歩は、素敵な発見がいっぱい、ワクワクドキドキして、「先生と一緒はおもしろい」「何かいいことがありそう」と思ってくれるのです。

生き物が一つずつ仲間入りして

少し暖かくなると、網を持って川や田んぼに出かけて行き、夢中になって遊びます。メダカ、ザリガニ、どじょう、トンボのヤゴなどを捕まえてきます。カタツムリやアゲハの幼虫も見つけると大切に育てます。遠足で県民の森に行くと、サワガニも仲間入りします。いつの間にか保育室は小さな生き物でいっぱいになります。大切に育てていると、卵が産まれることもあって大喜びします。カタツムリもザリガニもサワガニもカマキリも……。

カタツムリは梅雨になる前に大きいものを二匹見つけて水槽に土を入れて、葉っぱを入れて育てます。五月のうちに飼うとよく卵を産んでくれます。そうすると水槽なので土の中に産んだ卵がよく見えるのです。小さな真珠のように輝く卵がほんとにきれいです。それが、みんな小さなカタツムリになって出てくるのですからとても感動的です。

ザリガニの赤ちゃんも、そうです。お腹にひだのようにいっぱいの卵を抱いているのを発見しました。こどもたちはこれを「スカートみたい」と言ってのぞき込みます。お腹の卵が水の中で一連ごとにひらひら動くのでそんなふうに見えるようです。毎日、楽しみにして見ていると……、お母さんザリガニと同じ形をした薄桃色の透き通ったザリガニの小さな赤ちゃんがズクズクズクズク産まれてきました。静かにしていると、水槽の中で小さな赤ちゃんザリガニが遊んでいるのが見えるのです。大喜びしていたら、みるみるうちにお母さんザリガニのお腹に引き寄せられるようにくっついて隠れてしまいました。こどもたちと頭を寄せて見ているだけでうれしくなります。

また毎年のように庭のきんかんの樹にアゲハが卵を産みにやってきます。ちょうど入園式を終えて間もない頃で、こどもたちと一緒にやってきたアゲハを見ていると、ひらひらと舞いながらきんかんの新芽にちょんちょんと卵を産みつけていきました。そっと葉っぱを見ると、きれいな薄いクリーム色の小さな卵があります。『はらぺこあおむし』*の中のあの輝く卵のようです。その卵から育てるのは難しいので、少し黒くなって小さな毛虫が這いだすのを待って連れてきて育てます。小さな毛虫がどんどん大きくなっていくので、毎日のぞき込むこどもが増えていきます。

小さいクラスのこどもが見にくることもしばしばです。二歳になったばかりのあきが「ひろこ

＊『はらぺこあおむし』エリック・カール 作／もりひさし 訳、偕成社

先生、かいじゅうくんになっちゃった」とすっとんきょうな声をあげて呼んでいました。行ってみると、脱皮していも虫に変身していました。こんな瞬間が一番うれしい時です。いっぱい葉っぱを食べてみるみる大きくなっていくので、毎日の世話もワイワイ楽しんでいます。どんどん大きいウンチをするようになってうんと大きくなったかいじゅうくんが、「はらぺこあおむし」に見えてきます。

そんな頃、葉っぱから離れて動かなくなるとさなぎになります。来る日も来る日もさなぎのまま……。待ち続けると、ある朝、きれいなアゲハが生まれていて、見つけた子が大騒ぎしています。みんなが登園するのを待って、園庭のまんなかで飼育箱のふたを開けるのです。ふたを開けて、飛んでいくのを息をひそめて待つ、この時がいいのです。ふっと飛び立っていきました。空を見上げて「バイバーイ」「またきてねー」と言うこどもたちに挨拶するかのように、ひらひらとしばらく舞ってから飛んでいきました。アゲハが飛び立っていくのを、どの子もすがすがしい気持ちで見届けていました。

こんなふうに一つまた一つと連れてきて育てているうちに保育室は生き物でいっぱいになります。生き物に囲まれていよいよ賑やかになり、朝は虫たちと挨拶して始まります。

ドッジボールに夢中になる

四月の頃、男の子たちのあり余ったエネルギーをなんとか楽しいことに向けたくて丸ドッジ（＝円形ドッジ）を提案してみました。ドッジボールを始めると、待ってましたとばかりにみんなが集まってきました。すぐに気に入って遊んでいます。朝から丸ドッジを楽しみに登園してくるこどもたちの元気な声が響きます。ここで楽しみながら、三歳の時、自由奔放に過ごして来たこどもたちに、遊びのルールを一つずつ丁寧に伝えていくことにしました。

困った顔をしていたり、ルールを無視する子がいたりすると、その都度、その場で集まって話し合いをします。簡単な確認だけで終わることもありますが、ここで、みんなの前で自分の意見、思っていることを話す経験をします。そして、短時間の話し合いで解決できることを学んでいくのです。おもしろがってするので、丸ドッジのルールは、すぐにころがしドッジを卒業して、投げドッジになりました。当てられると外野に出て、白帽子に変えます。バウンドしたボールは当たりにはなりません。最後まで残った子がチャンピオンです。チャンピオンになるとおめでとうの「ひろこ先生のぐるぐるまわし」がしてもらえます。短時間で勝負がつくことも、この子たちにぴったりでした。

　来る日も来る日もボールを持って外へ飛び出していきました。だんだんルールがわかってきて、みんなで誘い合って楽しめるようになっていきます。どの子もチャンピオンになりたくて、はりきっています。だから、ボールで当てられると悔しくて泣けてしまう子もいるのです。そんな時、「○○くんが外野に来てくれるとつよーい味方ができてうれしいなー」と言うと、気をよくして立ち直ったりします。また、外野に出ると、つまらなくなってやめてしまう子がいます。女の子たちからの「男の子たちは、当たるとやめちゃうでいかん」「私だって、悔しいけどがんばってるんだよ。○○くんだって最後までやってほしい」の正論には勝てず、シュンとしていました。こんなやりとりをしながら「よーし、がんばって次は～」と思えるようにしようとこどもたちとつき合います。

　同時にボール投げの修行も楽しみました。お父さんやお母さんにも頼んでみると、こどもたちはますますはりきって修行しています。クラス便りや送迎時の立ち話で伝えたり、こどもに「お父さんとボールの受けっこ、しておいでよ」などと言っておいたりしました。いつもボールを持って遊んでいることが大事なのです。いつの間にか強いボールを投げられるようになり、受けることにも挑戦するようになってきました。秋には、年長児にまじって方形ドッジを楽しむよう

「ドッジボール、ガンバルゾー」

になっていました。

その頃になっても、こうじはボールが当たると悔しくて突っ伏して泣いていました。悔しい気持ちを見事に出している姿に四歳ならではの姿を感じます。私は、「ガンバレ！」と密かにエールを送ります。そんな中何事もなかったかのようにドッジは続きます。ここで、「ヨシヨシ」となぐさめてはこどもは「育つ」ことができません。「大丈夫。少し待ってあげようね」の私のことばにみんなも納得しています。「泣いても大丈夫」と思えるから悔しい気持ちをそのまま出して、少し待つことで、自分で悔しい気持ちをおさめて、立ち上がります。もう次の瞬間にはボールを追いかけています。

自分でなんとか折り合いをつけて動きだ

す、ここが大事なのです。「ひっこし鬼」や「りすのうち」の集団遊びの時もこういうことをくぐって「悔しいけどがんばろう」と思えるようになっていくのだと思います。ここが「四歳児、されど四歳児」、まさに発達の節を自ら越えようとするこどもの姿なのでしょう。

イチゴ事件

六月のある日、なんとも笑える事件がありました。これもやっぱり四歳児だからこそ起こったことのように思えます。

そうまがイチゴを持ってきてくれました。きれいなお皿に盛ってあったので、後でみんなで食べようと部屋に飾っておきました。みんなが来てすぐに食べればよかったのですが、私はプールの仕度をしていたので、食べる準備はできませんでした。なかよしの友だちに見せていたら、あげたくなってしまったのでしょう。男の子五人の他は誰もいない部屋でうれしい「イチゴパーティ」だったのでしょうか。

女の子たちから呼ばれて行ってみると、残りのイチゴは少しだけでした。「みんなで食べたかったのにね」と言うと、びっくりしていました。「そんな、自分たちだけで食べるなんて許せん。ひろこ先生は悲しい」と言うと、他の子たちからも「全部食べたらいかん」「〇〇だって食べたかった」と次々言われて、困ってしまった五人でした。「自分たちだけで食べちゃう子はたんぽぽ組の仲間にはできん」と強く出てみました。「これは大変なことをした」と思ったようです。とにかく給食の仕度ができるまで考えさせることにしました。

ちょうど通りかかった園長先生にも言われるし、ひろこ先生は怒っているし、みんなも怒っているし、それが五人に伝われればと思ったのです。思いが通じたのか、「ごめんなさい」を言いに来ました。女の子たちに「今度は分けっこしてね」と言われて、「わかった」と下を向いていました。一件落着ですが、こんな経験をくぐるのも大事なことだと思います。

イチゴ事件のお便りを読んだそうまのお母さんから、また、どっさりのイチゴのプレゼントが届きました。このうれしいプレゼントに、今度こそみんなでイチゴパーティができると喜びました。せっかくなので、この頃、取り組んでいた雲梯をみんなでがんばって、イチゴパーティにすることにしました。このことでみんなの気持ちも晴れてうれしいイチゴパーティになりました。こんなふうに応援してくれるお母さんに感謝します。

ようじのこと——自閉症スペクトラムのこどもとの暮らし

たんぽぽ組（四歳児）になったばかりの頃、ケンカやぶつかり合いがあるところにはようじがいました。「ようじがとった」「叩いた」というこどもたちの訴えが絶えず、なんだかギスギスしていました。その対応に四苦八苦していたのですが、どうしたらいいんだろうと考えるため、こどもたちをじっくり見ることにしました。見ていると、どうも互いの思いがチグハグしていて伝わっていないように見えました。ようじの行動があまりに直接的で、ほしいものは友だちが持っていてもそこは「目に入らず」、取ってしまったりすることも多くありました。その都度、「○○がやりたかったんだね」「使いたい時は貸してって言おうね」などとようじの思いを理解する努力をしてきました。そして、そのたびに「何か困ったことがあったら、ひろこ先生に言ってね」と言ってきました。

いつもいつもそう言ってようじに寄り添ってきたので、ようじも困ったらひろこ先生のところにいれば大丈夫と思ってくれたようです。気づくといつも私のそばにいて、ようじはいろいろなことを次から次へと私に質問してきます。そうは言っても私も疲れて、「今日は離れていよう」なんて思う時もありました。しかし、ようじはいたって真面目で、あくまでくっついてきます。しつこいほどにくっついてくるところがようじの特徴ではあるのですが……。

いつもみんなに声をかけてくれるまいのお母さんに心を惹かれたのでしょう。まいのお母さんが迎えに来ると、ようじはすぐにとんでいって、お母さんのお尻をポンと叩いたりして愛情を表していました。お母さんはとてもそのことを気にしていました。それで私は、「お母さんのことが好きなんだよね。ちょっと痛いし、しつこいけど、それがようじの愛情表現なんだよねー。つき合ってあげてね」と頼んでおきました。こんなふうに気にかけてくれるお母さんがいるのもとても心強く、私の背中を押してくれたものです。

こうしてようじとつき合ってわかろうとしている私のことを、こどもたちも見ていてくれたようです。「ようじ、ちゃんと貸してって言わんと」などと、ことばで切り返してくれるようになり、ようじ自身もそこで聞けるようになり、変わっていったように思います。

県民の森への遠足の日のことでした。川遊びでカニとりに夢中になっている男の子たちに混じって、カニを捕まえようとようじが真剣に格闘していました。みごとに捕まえて大喜びしています。なかなかカニに触れずにいる子が多い中、ようじがかっこよく見えて、「見てごらん、ようじ、カニとり名人だよ」とみんなに言いました。強がりの男の子たちから「ようじ、すごい」

県民の森で川遊び

と認められていきました。

このクラスにはようじの他にも、それまであまり身体を使ってこなかったためか身体が硬い子がいて、春の頃から意識的に「リズム」や「お昼寝前の体操」など一日一回は楽しみながら身体を動かすことに取り組んできました。そのこともあって友だちと一緒に身体ごと遊ぶことが好きになり、積極的になっていきました。

そして、ようじはドッジボールにも加わって遊ぶようになりました。ルールがなかなか覚えられずに困っていたのですが、毎日、友だちに引っ張られて遊んでいました。そのうち楽しみになっていったのです。ボールを持ってきて投げっこもよくするようになって、ルールもわかっていきました。「ようじ、ボールつよい」と男の子たちにも一目置かれ、ドッジボールが大好きになりました。こうしてようじは、私にくっついて離れない日々を卒業していきました。

絵1　「ひろこ先生、雲梯してるの」

絵2　「おかあさん、アンパン食べてる」

描くことは思いを語ること

「見て見てー」「なんだか楽しそう」

たんぽぽ組になったばかりの頃、としきが素敵な絵を描いてくれました。三月生まれのとしきがニコニコして話してくれます。「ひろこ先生、雲梯してるの」（**絵1**）、「おかあさん、アンパン食べてる」（**絵2**）と、雲梯をしている手、パンを持っている手が伸びて、うれしいとしきの気持ちを語っています。

おとなしいゆみは、散歩で一面のたんぽぽを見つけてみんなでたんぽぽ摘みをした次の日、「たんぽぽばたけ、散歩するの」（**絵3**）と言って、ちょっと恥ずかしそうに持って来てくれました。こんな時、その子の思いが伝わってくるようで私もうれしくなります。

絵3　「たんぽぽばたけ、散歩するの」

その気持ちをすぐにみんなに伝えます。「見て見てー」と、「いいなー、この手、この前一緒に雲梯したんだよね」などと話が弾みます。絵を見て、真っ先にこどもたちにうれしい気持ちを伝えたいと思います。そうすると、少しずつですが、「絵っていいなー」「なんだか楽しそう」と思ってくれる子が増えていきます。

「思った通りに描いていいんだよ」

けいは四月頃、他の子が描いていてもなかなか寄ってきませんでした。どう描いたらいいか困っていたのかもしれません。丸（◯）がなかなか出てこなかった子です。何の時だったでしょうか、一ヵ月くらい経った頃、みんなが描いているのをうれしそうに見ていたけいが、いつの間にか仲間に入っていました。「けいくんも紙とマジック、持っておいでよ」と誘ってみました。「えー?」と言いながらニコニコしているので私はそのまま待つことにしました。そうしたら、よくしたものです。憧れのしんが誘ってくれて、一緒に紙を持ってやってきました。

私は「自分の思った通りに描いていいんだよ」とよく言います。はじめの頃は、友だちの絵を批評する子もいますが、「これ変だよ。こんなふうじゃないよ」などと言うのを放っておかないようにします。「いいんだよ。◯◯ちゃんはそう描けばいいよ。□□も□□の思った通りに描いてお話ししてね。それが一番先生うれしいからね」と言います。

けいもそんなことばに救われた一人だと思います。はじめて描いた時、ようようロボットのような人間を描きました。魚とりをしているところを描いた絵でした。「いいんだよ。けい、楽しかったね」と言って、みんなで魚とりの話に湧きました。けいも私もまわりにいた子たちも楽しくなったのを覚えています。よほどうれしかったのでしょう。この日から毎日のように魚とりの絵を描いて、ニコニコしていました。今では自分から描きに来て、喜んで何枚も描いていくようになりました。まだ角ばった人を描くのですが、友だちがいっぱい並んだ絵を描いてくれます。「オレ、絵、好きだもん」と笑っています。

秋になると、ずいぶん絵も変わってきました。**絵4**は、広いコスモス畑で遊んだ時のことを描いた絵です。花が笑って風に揺れて歌っているような絵にけいの思いがつまっていました。**絵5**

は何を飾った時のことだったでしょうか。「木が喜んでる。木の赤ちゃん、きれいって言ってる」と言って描きました。木にりっぱな足もついています。ぼくや友だちと一緒に木も笑ってい

絵4　「コスモス、いっぱい」

絵5　「木が喜んでる。木の赤ちゃん、きれいって言ってる」

ます。花や木に自分と同じように目や口を描いています。けいのうれしい気持ちがそのまま表現されているように思えて、一緒に喜びました。

絵はこどもの生活・こどもの心そのものと思って、こどもの話に耳を傾けるだけでいいのかもしれません。描くのがうれしくていっぱい話したいことがある、そんな生活をつくっていきたいと思います。

コマに挑戦——「失敗は成功のもと」

こどもたちは自分をしっかり出し、みんなに支えられて、「○○だけれど、○○しよう」と気持ちを立て直し、折り合いをつけることを経験してきました。

年が明けて、コマまわしが始まると「失敗は成功のもと」を合言葉にしていました。「いっぱい失敗すればいいんだよ」「そうすると、まわせるじゃんねー」「失敗して、考えて、もう一回やって、失敗して、わかってくるじゃんねー」と笑い合ってコマに挑戦しています。年長組のこどもたちの教えですが、今のこどもたちにぴったりのこの言葉に励まされていました。もうできないことは恥ずかしいことではありません。「できないことに挑戦するのがおもしろい」と思えるこどもたちに育っていました。

年長組に手を取ってひもの巻き方から教えてもらい、まわし方も伝授してもらいます。一人がまわせるようになると、教え合う姿も見られます。暇さえあればコマに挑戦して、まわせるようになると大喜びして見せに来てくれます。そのうち、まわせる子が増えると、まわしっこが始まります。おもしろくて誘い合ってまわしています。

サンタさんにもらったコマは鉄芯ゴマですが、ブリキのコマ、鉄ゴマ、木のコマなど、様々な種類のコマを並べておきます。順々に難しくなるように並べてあるので次々と挑戦し、楽しみます。二重まわしや高まわし、引っかけ手のせ、傘まわし、犬の散歩、缶入れと次々挑戦することがあるコマに夢中です。どんどんおもしろくなって、この頃は年長児に混じってコマまわし大会のようにして遊んでいました。

四歳児のおもしろいところは、年長組のようになりたくて年長組の真似をして育ち、みんなで夢中になれるものを次々見つけていくところだと思います。この年のこどもたちは一年中ドッジボールに夢中でした。後半は、なわとび、コマまわしに夢中になって過ごしました。部屋ではマフラーを編むことに夢中になっていました。マフラーはペットボトルで編み機を作って編みまし

リリアン編みマフラー

ペットボトルで編み機を作る

ペットボトル（2リットル）に図のように切れ込みを入れるか、
割り箸をビニールテープでしっかり貼りつけて、
毛糸を引っかけられる突起を作る。
突起を奇数にするのがポイント。

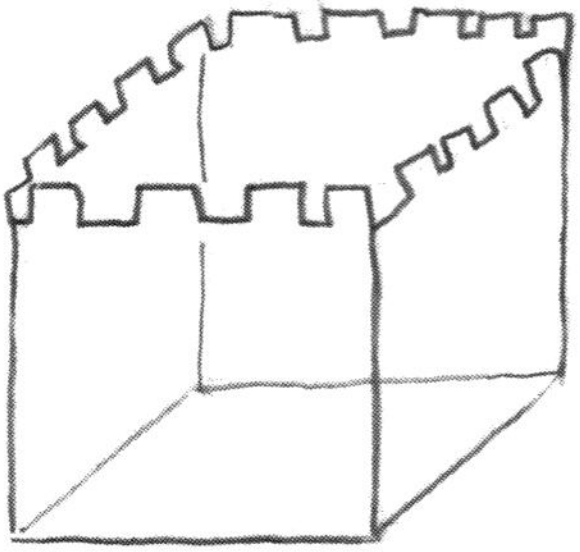

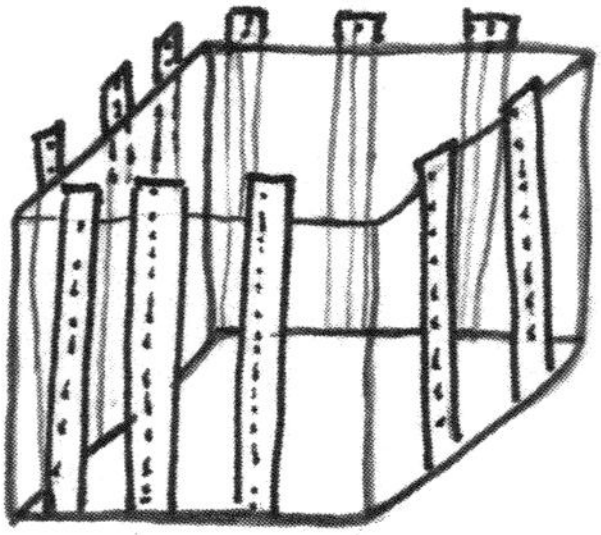

編み方

毛糸の始まりを内側にし、突起にジグザグに引っかけます。
そのまま2周、毛糸を突起に引っかけていく。
引っかけるのはこの時だけ。
次からは毛糸を突起の外側にぐるんと巻く（リリアン編みの要領で）。

た。お母さんや妹にプレゼントして喜んでもらい、一人何本も編みました。

うたのある暮らし

四歳、この時代はなんと自由なんだろう。お話の世界にすぐに入り込み、みんなと一緒にその世界で遊ぶこの素敵な時代を、こどもたちと体当たりでつき合っていきたいと思いました。うたとお話とともに広がっていく世界をこどもたちと一緒につくっていこうと、たんぽぽ組の暮らしがスタートしました。

春――この子たちにはこのうたを

春の頃、元気いっぱいのこどもたちと出会いました。この子たちにはこのうたをと、「そんごくう♪」のうたで始まりました。こどもたちは飛びついて歌い、すぐに大好きになりました。「ゆけーゆけー」が気に入って元気いっぱいのそんごくうになったつもりで歌っていました。散歩に出かけると雲を見て話が弾みます。「雲が飛んでる」「きょうりゅう雲、見つけた」「あの雲に

♪「そんごくう」深沢一夫 詞／間宮芳生 曲

乗って飛びたいなー」と話して歌った「そんごくう」のうた。本当に飛べそうな気がして歌っていました。

お昼寝の時には、うたで魔法をかけてみました。一人ずつ背中に手をあて、その子の身体と対話するつもりでフルフル揺すってやります。子守唄のように歌いながらフルフルしていると身体も心もほぐれていくのです。「もう魔法かけたからね」とそっと声をかけます。うたを聞いて待っている子たちに順々にフルフルすると、こどもたちはただそれだけで、すっかり魔法の世界に入ってしまうのです。コテンと魔法にかかったように、ぐっすり眠ってしまいました。その日以来、布団に入って静かにして待ち、私の素話ひとつを楽しみにしています。そして「今日は○○のうた、歌ってね」とリクエストしたりして、お話を聞きながら歌ってもらうのを心待ちにしてくれるようになっていきました。

畑でたまねぎがとれる頃、こどもたちは『チポリーノの冒険』*のお話に夢中になりました。畑へ行く道みち、ペットボトルで水を運びながら「おーいらのうまれは、たーまねぎばたけ」と歌っていきます。毎日、続きのお話を楽しみにしていました。岩波文庫のこの本を読むのは難しいので、ところどころ取り出して私がお話をするという形で楽しみました。「たまねぎ坊や」と言うだけでこどもたちは喜び、「チポリーノの冒険」♪のうたが大好きになりました。

ずいぶんお話が聞けるようになってきたので、次は『ホップ・ステップ・ジャンプくん』*を選

＊『チポリーノの冒険』ジャンニ・ロダーリ 作／関口英子 訳、岩波書店
♪「チポリーノの冒険」木村次郎 詞／丸山亜季 曲
＊『ホップ・ステップ・ジャンプくん』加藤暁子 文／三好碩也 絵、創風社

び、少しずつ読んでいきました。部屋に置いておくと、何度も開いて友だちと一緒に見ていました。スキップのリズムでお馴染みのホップくんのうたが♪もっと好きになり、このお話の世界にすっと入り込み、楽しみにしているのでした。手まわしオルガンと太鼓を持って、おじいさんとおばあさんがボールのホップくんを探す旅に出るチェコのお話です。おじいさんとおばあさんと一緒に「手まわしオルガン♪」のあのうたを何回歌ったことでしょう。

夏――豆太になりきって

夏の研修で音楽教育の会全国大会に参加するため群馬に出かけました。その時、劇団群馬中芸の「カエルの豆太＊」を観ることができました。帰ってきて、さっそくこどもたちに話をしました。「どどっとふこうぜー」と「風たちの夏のうた♪」をこどもたちと歌ってきたので目を輝かせて聞き、いっぺんに豆太が好きになったこどもたちでした。

夏のプールで水の中を走りながら、たくさんの豆太が登場しました。そんなこどもたちの「いざ！　ゆけ！　なかーまたち」の「カエル大行進のうた♪」が夏の空に響いていました。こうたが好きになったうたです。フワフワ落ち着かない男の子たちがこのうたになるとすっとピアノのほうを向いて歌い、「トンビもカラスもこわくはないさ」のところにくると、豆太になりきってピョンととぶのです。そんな時、私がカエルのいさぶろう親分に扮して近づくと大あわてで逃げ

♪「ホップステップジャンプくん」大井数雄 詞／丸山亜季 曲
♪「手まわしオルガン」ヤン・マルク 作／大井数雄 訳、丸山亜季 曲
＊「カエルの豆太」中村欽一 台本／せらだひとし 演出
♪「風たちの夏のうた」中村欽一 詞／丸山亜季 曲
♪「カエル大行進のうた」中村欽一 詞／丸山亜季 曲

♪「すすめ山賊」中村欽一 詞／丸山亜季 曲

園庭のプールで、「イルカジャ〜ンプ！　とびこめるよ」

ていきます。プールで毎日こうして遊んでいました。

その続きで歌う「カエル大行進のうた」。このうたは夏のこどもにぴったりで、はりきって歌っていました。プールに明け暮れた夏の日々、はちきれんばかりのこどもたちでした。

秋——ななの力強い歌声

秋のこどもたちと県民の森の山を探検したら、「すすめ山賊♪」が歌いたくなりました。勉強は嫌いだけど山を走りまわって困った人を助ける元気な三人組のお話が大好きになり、山を走りながら大きい声で歌ったものです。ひかり保育園では電車で一時間ほどの県民の森へ一年に四〜五回出かけ、思いっきり山や

♪「森から森へ」中江隆介 詞／関忠亮 曲
＊『オツベルと象』宮沢賢治 作、岩崎書店
♪「森のなかまのうた」中江隆介 詞／関忠亮 曲

「オーイ、てっぺんにのぼったよ」（県民の森）

川で遊びます。

この続きで、「森から森へ♪」を歌いました。「ハイダダダダダーすすめー」の歌い出しが気に入って飛びついて歌います。宮沢賢治の『オツベルと象』＊のお話の中のうたです。このお話も私流に話して聞かせました。こどもたちは白象の気持ちになって、食い入るように聞いてくれたものです。

「森から仲間の象たちが白象を助けに、ダンダンダンダン地響きをたててやってくるんだよ、何百頭も」と話すと、象を助けに行くつもりのこどもたちです。だからこのうたになると、こどもたちは「ダンダンダンダン」と力強く歌う仲間たちになっていきます。そこに私は「ありがとうー」のうた（「森のなかまのうた♪」）を重ねてみました。ななが私

のうたに引っ張られずキリッと歌うので、みんなで歌ううた全体が力強くなります。このうたの中でこどもたちは白象のうたに耳を澄ましていました。四歳のこどもたちとこんなふうにうたを楽しめるんだとドキドキした私でした。

なかよしのりかといつも一緒だったななですが、よく見ていると「あれっ?」と思うことがたびたびありました。りかに言われると断わることができません。そのたびに「ななちゃん、イヤな時はイヤって言っていいんだよ」と声をかけたり、ケンカができるようにわざとふっかけたりもしました。四月から、こういう支えを入れ、クラスでも話し合いをしながら、りかのわがままな要求には、「イヤだ」と言えるようになっていきました。まわりのみんなが自分の気持ちを言えるようになって、りかもひとまわり大きく成長でき、ななも強くなってきたのは秋のことでした。今のななの心のままの「森から森へ」のうたがいいなと思う私でした。

この頃、たんぽぽ組は年長組についていろいろなところに出かけて行き、すごい探検をして、自然の中でころげまわって遊んでいました。

♪「十二月の歌」(マルシャーク 作『森は生きている』より)湯浅芳子 訳/林光 曲

冬——火のまわりに集まって

冬になると、園庭にたき火が登場します。たき火にワクワクして火のまわりに集まってくるこどもたちと「十二月の歌♪」が歌いたくなります。たき火を囲んでこのうたを歌い、踊ってしまいます。これをきっかけにマルシャークの『森は生きている』*のお話のとりこになっていきました。林光作曲の劇中歌を歌って話をしていくと、「つづきの話をしてよ」と毎日楽しみにしていました。「カラスの歌♪」や「指輪の呪文の歌♪」も大好きになって歌いました。「十二月の歌」の前奏が難しくてピアノがつかえてしまう私に、「ちゃんと練習しりんよ」と言ってくれます。

野山を駆けまわって、思いっきり探検し、身体ごとで遊ぶ、友だちと一緒だからもっとおもしろくなります。そこに広がるお話の世界にみんなで入り込んで楽しんでしまいます。四歳のこどもたちの素敵な世界に私も夢中になっていました。

再び春——うれしいよもぎだんごパーティ

三月になると、つくし採りに出かけます。どっさり摘んできて、みんなではかまをとって料理をします。家に持って帰るのもうれしいけれど、採って来てすぐに食べたいのです。「つくしパーティしよう」と言いに来ます。ホットプレートを囲んでのぞいています。味見がしたくて、春の香りに包まれて、待っている時が一番楽しそうです。小さい子たちも集まってきて心待ちにしています。

つくし採りのかたわら、きれいなよもぎを見つけて摘みました。「白いフワフワの毛があるのが、よもぎだね」「いい匂いがする」と鼻をくっつけて確かめています。「おだんご作れる?」

＊『森は生きている』サムイル・マルシャーク 作／湯浅芳子 訳、岩波書店
♪「カラスの歌」林光 詞／曲
♪「指輪の呪文の歌」（マルシャーク 作『森は生きている』より）湯浅芳子 訳／林光 曲

年長児への卒園のプレゼントに木と木の実で作ったペンダント

「うんうん、おいしそうだね」「この葉っぱはころんだ時つけるんだよね」となとけいとまこが一緒に摘みました。このよもぎでおだんごを作って、「お別れパーティをしよう」と湯がいて冷凍してとっておきました。

おだんごは豆腐を入れるとフワフワになることを年長組に聞いて知っているこどもたちは、おうちが豆腐屋のけいにちゃっかり頼んでいました。白玉粉と上新粉に豆腐を混ぜて作ります。よもぎは包丁で刻んですり鉢ですります。おだんごの中によもぎを混ぜるとパッと若草色に染まります。その変化に目をみはり、春の香りが広がってうれしくなります。

その春色のおだんごをころころとまるめていきます。日々泥だんごの修業にいそしんでいるので、おだんごころころはうまいものです。少々大きさに違いはありますが、みんなくるくる働いて次々作っていきます。いつもは年長組が小さい子たちのものまで作ってくれますが、今日は自分たちたんぽぽ組が頼まれた仕事ということで、みんなとてもはりきっていました。

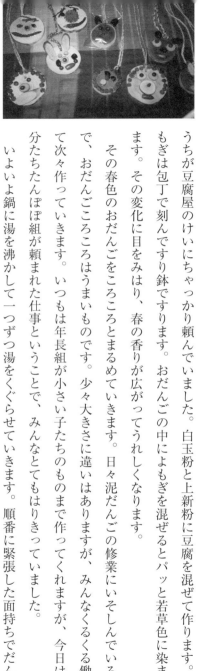

いよいよ鍋に湯を沸かして一つずつ湯をくぐらせていきます。順番に緊張した面持ちでだんごを入れていきました。湯をくぐるとパッときれいな春色になるのを息をのんで見つめます。そしてプカーッと上がって来るのをドキドキして待ちます。少しできたところで、一つずつ味見をすると、「おいし〜い！」と、自分たちで作ったよもぎだんごは格別のようです。

「こんなにいっぱいあるもんで、待ってる間、みんなで歌うのはどう？」と投げかけてみました。ほとんど毎日のように歌ってきたこどもたちは、今、「一人で歌うこと」が気に入っていました。口々に「一人で歌いたい」「オレ、〇〇歌いたい」などと言ってくれます。一番を一人で歌い、二番になったら、すっと立ってみんなで歌うことにしました。「歌いたい人?」に勢いよく手があがります。

この時、いつもは控えめなりほがピンと手をあげているのを見つけました。この日の始まりはりほからにしました。りほが「たんぽぽひらいた♪」のうたを自信を持って歌いました。これを受けてみんなで歌い、部屋がパッと明るくなったように感じました。「じゃあ、りほちゃんに次の人を選んでタッチしてもらいます」と言って、次の人にタッチして続きます。もちろん、私はおだんごを茹でる係ですからアカペラです。「そんごくうを歌います」と言うと、私が前奏を口ピアノで歌います。一人で歌うその子をみんなが見つめ、その子と一緒にみんなで二番を歌います。順々にタッチして、いつの間にかクラス全員が一人で自分の好きなうたを歌いました。たんぽぽ組の部屋は一年間歌ってきたうたでいっぱいになって、素敵なパーティになりました。

どの子もみんなの前でしっかり歌うまでに成長し、みんなで歌う喜びを胸に刻んでいました。こどもたちと過ごしてきたこの一年がめぐってきて私もうれしくなりました。最後にモーツァルトの「魔法の鈴♪」を私がピアノで弾いて、みんなで歌いました。たんぽぽ組の最後の日、「今度はぼくたちがすみれ（年長組）だね」と誇らしげなこどもたちでした。

♪「たんぽぽひらいた」こばやしけいこ 詞／丸山亜季 曲
♪「魔法の鈴」林光・伊藤武雄 訳／モーツァルト 曲

2

天狗と一緒に もっともっとと挑戦し続ける すみれ組

（五歳児クラス）

ひかり保育園の名物「天狗」
代々のすみれから語り継がれてきました
年長という大きな飛躍の時代だからこそ
「天狗」を心の支えにいろいろなことに挑戦し
仲間とともに育つことを大切にしていきたいと思います

年長といってもまだまだトラブルも続出
その中で話し合いを経験し
ことばで伝えること、考えることを積み重ねていきたいと思います

そうして一つひとつじぶんの力にしていく取り組みの中で自信をつけ
友だちと一緒に夢中になることに出会ってほしいと願います

私も心から応援し、一緒に楽しみます

すみれ組になった喜びを胸に

すみれ組の始まりの日、憧れの年長組になったこどもたちはキラキラ輝いていました。「すみれになってはじめに何がしたい?」と聞いてみました。その願いを一つひとつ叶えていくことにしました。

まず、とび箱開脚とびに挑戦しました。やってみたい気持ちがいっぱいのこどもたちははりきっていました。とびたくて、なんとかとびたくて、何度も何度も向かっていきました。

また、雑巾を縫うことにも取り組みました。針に糸を通すことから取り組みます。集中しないと糸は通せません。机を出してイスに座り、針と糸を渡します。小さい針の穴に通すのはとても難しいことです。こどもたちの前で私が通してみせます。うまく通らないと、糸をなめて先をとがらせて通しました。それをよく見ていた子は、真剣になって真似していました。でもおしゃべりしていては、ちっとも通りません。半日かかってやっと通せた子も、通せたのがうれしくて一生懸命縫い始めました。一針一針縫って「マイ雑巾」を作ります。その雑巾で保育園中の掃除を

大きな葉っぱで「へんしん！」

するのです。小さい子たちから「憧れの眼」で見つめられ、感謝されて誇らしげなこどもたちです。

一方、外に出ると、リレーがしたくて広いところを探しています。こどもたちは春からリレーに夢中になっていました。また、前のすみれ組から聞いているこどもたちは「天狗さんに会いたい」と言い、天狗さんの話でもちきりです。

この年のこどもたちは、コマに夢中になり、竹馬に夢中になり、遊び道具から生活で使うものまでどんどん自分たちで工夫して作って過ごしました。

男の子十五名、女の子七名（うち一人は途中入園）の合計二十二名、天狗とともに響き合って暮らすすみれ組の始まりです。

10月	11月	12月	1月	2月	3月
がんばろう会	本宮山登山 どこまで歩ける会（石巻山）	クリスマス会 もちつき	親子つながりあそびの会	コマまわし大会 豆まき	卒園式 ひな祭り
入場 ----	竹馬で遊ぶ →	コマまわし →	卒園証書作り →		
⑥	⑦				⑧
イチジク	焼き芋	ケーキ作り もちつき	大根をたく 七草がゆ	桜もち ミルフィーユ	豆腐作り チーズケーキ
（「がんばるゾー」 「竹馬をしているところ」 大きい紙に持ち寄り製作（パック紙）	（「石巻山に登ったよ」 大きい紙に描く（障子紙1枚）	コマに絵を描く（大好きなお話を） 灯りを作る （染める・描く・縫う クリスマスの袋を作る	鬼の面を作る 大根の絵を描く （ダイヤ凧（和紙） グニャグニャ凧（ビニール） 凧を作る	卒園証書を作る → 『てぶくろ』の続きの話を描く コマまわしをしている大きな絵をみんなで描く	自画像を描く 絵を描く 布を染める 紙すき おひなさまを作る 織り物をする

すみれ組（5歳児クラス）の1年

	4月	5月	6月	7月	8月	9月
行事	入園式			お泊まり保育	七夕会	月見の会
主な活動	お泊まり保育に向かう →	→	がんばろう会に向かう →	プール → 市民プールも	→	竹馬 →
	県民の森 ①		②	③	④	⑤
	散歩 ―	―	―	―	―	―
	ドッジボール ―	―	―	―	―	―
	畑作り ―	―	―	―	―	―
	飼育 ―	―	―	―	―	―
食べる	よもぎだんご	木イチゴ摘み たまねぎ炒め たまねぎサラダ じゃがいも	（こふきいも） カレー作り① カレー作り② カレー作り③	お泊まり保育本番（飯ごうでたく） 夏野菜	ホットプレートで（サラダ・塩もみ・丸かじり）	月見だんご
作る	雑巾を縫う 紙すきではがきを作る	カレーの皿を作る（素焼き・染めつけ（呉須）・本焼き）	風呂敷を作る（大和藍） ランチョンマットを作る（大和藍）	灯りを作る 天の川を作る	はちまきを作る（染める・絵を描く・縫う）	なわとびのなわを編む のぼりを染める

たんぽぽ笛はおもしろい

桜の木の下を春の風に揺れて元気いっぱいのこどもたちの声が響きます。男の子たちは一番になりたくて、どこまでも走っていきました。エネルギッシュなこどもたちに引っ張られて私もうれしくなります。ちょうちょを追いかけ「帽子に一回入ったよ」と笑っています。たんぽぽをいっぱい摘んでプレゼントしてくれるので、茎を少し切ってたんぽぽ笛を作って鳴らすと、なんだかおもしろそうとみんなの視線が集まります。「作って」と言うので「やってごらん」と渡すと、思いの他簡単に鳴るのでニコニコで、「プープー」とかわいいたんぽぽ笛の合奏になりました。私に作ってもらいたくて、待って、鳴ったとたんに「ヤッター」と、ほんとにいい顔をしてくれます。ゆきもニコニコで、ずっと「プープー」鳴らしてたんぽぽ笛が大好きになりました。

いつの間にか自分で鳴らせるようになったよしみは、たんぽぽのように笑っていつもいつも手にはどっさりのたんぽぽを持つたんぽぽ娘になっていました。「よしみはたんぽぽ笛の先生だよ。鳴らしたい子はよしみに教えてもらいな」と言ってみました。よしみのまわりには女の子たちが集まって、自分で鳴らせるようになった子が続出です。

なかなか鳴らなくて、でも自分で鳴らせるようになりたくて沈んでいたみさきも、思い直してもう一回聞きにきてやってみたら、「ピー」とよい音がして、その瞬間にキラッと瞳が輝きました。かずきは五つも六つも一緒に口に入れて「プープー」「ピーピー」と、素敵な音を出してくれて、うれしくなりました。「サンポウニャ（アンデス地方の民族楽器）のようだね」「アンデスの山には、かずきが発明したような笛を吹く人がいるよ」と言うと、ニコニコしています。その音色が、ほんとにサンポウニャのようで、素敵に響いていました。かずきの発見がさおりにもふみにも伝わって、たんぽぽ笛はみんなの宝ものになりました。

ふれあい公園へ

「明日はふれあい公園へ行こうね」と言ったら、自分で準備をしてきた子もいます。待望の川遊び、佐奈川の合流地点に入って行くこどもたちは、はりきっていました。「メダカ、いたよ」と言うと、「どこどこ?」と集まってきました。私がどんどん川の中を歩いていくと、「深いじゃん」なんて言いながらケタケタ笑っています。「ひろこ先生についていくと、ドボドボになっちゃった」と言うけど、やっぱり川の中でうれしそうなのです。メダカは捕まえられなくて残念だったけど、アメンボを追いかけて、ただただ水に入ってバシャバシャやってるだけで、おもしろくて気持ちよくてウキウキ、ワクワクでした。

途中ゆっくり遊びながら来てしまったので、今日のところはこれまでにしようと、みんなに「上のきれいな水で、足洗っておいで」と言ったのです。そうしたら、なんとそこからダイナミックな水遊びが始まってしまいました。少し肌寒くなって風も出てきたというのに、キャーキャーワイワイと大騒ぎです。噴水に足をのせて水を飛ばし、滝になったところに入り込んで、みんながプールに入ったようにビシャビシャになって大喜びです。時間がないのにと思いつつ、風邪を引きませんようにと願いつつ、あまりに楽しそうで輝いているこどもたちに、私までワクワクしました。とはいっても、もう三時になってしまい、急いで水から上がってかけ足で帰ってきました。

グループ、当番、決まる

もう少しこどもたちのことを知ってからと思っていた私に、「はやく、カメ当番、やらんと」と、男の子たちがはりきっています。女の子たちはせっせと花に水をやってくれています。前のすみれから伝授されてすっかり仕事がわかり、率先してやってくれていました。やる気まんまんなこどもたちに押されて、二日目に話し合って決めることにしました。

「どうやって決めたらいい?」と私が聞くと、「カメ当番、やりたい人がやればいい」「やりたい、やりたい」「そうだよね。みんなはりきってるね」「じゃあ、どんな当番作ったらいいか考えてみよう」「カメ」「メダカ」「ザリガニも」と、もっぱら生き物は男の子たちの注目の的です。「お花に水あげんと、死んじゃう」「給食当番も」「それから、片づける人」と、前のすみれ組を見てきたこどもたちはちゃんとわかっていました。

「そうだね。カメ当番がザリガニやメダカも世話をして、あと花当番と給食当番と掃除当番の四つ仕事があるね」「どうやって決める?」と尋ねると、やっぱり「やりたい人がやる」と言います。「じゃあ、カメ当番やりたい人？」「ハイ」「ハイ」「ハイ」と、大勢の子の手があがります。「じゃあ給食当番やりたい人？」「ハイ」「ハイ」「ハイ」と、やっぱりほとんどの子が手をあげます。

「そうだよねー、みんなやりたいよね、どうしたらいい？」と、もう一度私は聞きました。そうしたら、隣でさおりが「順番でやる」と、ぼそっと言ってくれました。「ウンウン」と、みんなとてもいい顔でうなずいています。それで、四つのグループを作って、順番ですることになりました。

さて、そのグループ決めにドラマがありました。どのように決めようか、迷っていた私ですが、こどもたちに大胆に「四つに分かれてみて」と投げかけてみました。そうは言っても難しいので、「五人か六人のグループになってね」と加えます。よくしたもので、うまいこと分かれそうに見えたのですが……。

その時、そうたの涙、涙、涙です。たつと、あきら、しん、まこと、こうたの男の子チームのほうから聞こえてきました。「もう、入れん、六人になっちゃうもんで」。そう言われて、沈んだそうたとたかしです。「いいじゃん、こっちのチームに入れてもらいなよ」と言ったら、涙、涙、涙……そうたの目から涙があふれてしまいました。

「どうしたかったの？　泣いてるだけじゃあ、みんな、わからんよ」と話しかけたら、泣きながら「あっちに、入りたかった」と言いました。「そうた、入りたいって言ってるけど、どうしたらいい?」と聞くと、あきらが「ぼくが、かわってあげる」とすぐに言ってくれました。「いいの、あきら、あきらだってたつとのチームに入りたかったんじゃあないの。大丈夫?」と聞くと、「いいよ」と明るい顔で言ってくれて、さとしの隣でニコニコしていました。

そんなわけでそうたは、あきらにかわってもらってこれでよし、と思ったのですが……そうたと一緒にたかしもスルスルとかわっていこうとします。

「ちょっと待って、そうたは入りたいって言って、あきらにかわってもらったんだよね。たかしは待ってよ」に、今度はたかしが涙、涙、涙なのです。ここで「泣けば、自分の思い通りになるっていうのはおかしいよね。ちゃんと自分のことばで、言わんとね」と話しました。こんな時をぐって自分の思いを相手に伝えられるようになってほしいと願っています。私のことばに思いっきり泣けてしまったたかしです。「悲しい時にはいっぱい泣けばいい。けどね、思いっきり泣いたら、自分のことばで言おうね」とたかしに注目して、みんなで待ちました。

こんな時は時間が必要なのです。みんなが待っててくれていると思ったのでしょう。泣けて泣けて、でもなんとかことばにと思うたかしの気持ちも伝わってきました。「たかしも、かわってほしかったの?」と言うと、小さい声だけど、なんとか「かわって」のことばが言えました。ほっとした私は、「たかしもかわってほしいんだって。かわってくれる人いる?」と聞いてみました。「ハイ、かわってあげる」ってしんとこうたがうれしそうに手をあげて立ち上がりました。「あれっ?」と思いつつ、こんなにはりきってかわってくれると言うのなら、ジャンケンで決めることにしました。大ハッスルでジャンケンをして勝ったしんがあきらチームにかわってくれました。こうして、自分からかわってくれたあきらとしんも加わって、新しい友だちのさとしも、ゆうじもしゅんともうれしそうです。

女の子六人は一緒の仲間になっていたのですが、三人と三人に別れて男の子と一緒のグループになり、無事に四つのグループができました。

まず、はじめにグループの名前を決めます。「みんなで話し合って名前を決めて下さい。そして、どうしてその名前にしたのか理由も考えて下さい。後で発表してもらいます」と言って、グループごとに話し合いました。なんとか自分たちで決めることができ、当番表も作って当番が始まりました。

お泊まり保育に向かう

春、憧れのすみれ組になった喜びを胸に過ごし、年長組の生活も落ち着いた頃、お泊まりに向かって動きだします。そして園全体でお泊まりの準備が始まります。こどもたちは「天狗さんに会いたい」気持ちがいっぱいでとても楽しみにしています。

登れるようになったら天狗さんに会えるかも

その頃、念願の網登りのひみつ基地ができあがりました。見つけるが早いかとんでいって真剣に挑戦していました。みんなが登れるようになって天狗さんに会いたいとはりきっていました。「先に頭入れりんよ」「それから足をかけるんだよ」と教え合っています。ちょうど、ロープ登りに挑戦中だったのでグッドタイミングでした。どの子も網の上に行きたくて何回も挑戦しています。登れるようになるとうれしくて、網の上を天空の城のように闊歩していました。それはそれは、素敵な冒険の部屋です。もう少しで登れそうな子は何回も挑戦中です。自分の力で登れてこ

「ぼくだって 私だって 登れたよ」

そなので、こどもたちの様子をそっと見守ります。

ところが、やっとのことで登れたしんが、小さい網の秘密の穴蔵にはまってしまって、大事件なのです。みんなで助けようと汗びっしょりになって、なんとか出られたしんに一安心でした。

天狗さんに手紙を書く

六月のある日のことです。園長先生の発見にみんなが湧きました。「先生、見えるよ」の園長先生の声に、テラスにいたこどもたちも私もびっくりしてとんでいきました。「ほんとだ」「見せて〜」と、柵にしがみついて大騒ぎしています。「やっぱり、天狗さん、見ていてくれたんだね」と、テラスからぽこんと石巻山のてっぺんが見えて大喜びでした。

いつもいつも天狗さんと一緒に暮らしてきたこどもたちです。大変なことに出くわすと「天狗さん、見とってくれるかなー」「力、貸して下さい」などと言ったり、「天狗さーん」の大コール

天狗の話

ひかり保育園のこどもたちが天狗とともに暮らすようになって約30年になります。きっかけは毎年７月に年長組が取り組むお泊まり保育でした。私はそこで恒例になっている「きもだめし」をなんとか楽しいものにしたいと思っていました。そんな時、静岡県富士宮市の野中保育園（現、野中こども園）の公開保育に参加し、『大地に育つ』（塩川寿一著、水曜社、1980年）に出会いました。その中に「天狗」が登場するくだりがあり、ヒントをいただきました。ちょうど園長先生の実家のお寺に天狗が登場する祭りがあり、天狗に会うことが実現することになったのです。

それ以来、お泊まり保育では「きもだめし」のかわりに天狗に会いに行って力を授けてもらうことを続けています。この時もらう天狗のペンダントはこどもにとって大切な宝もので、何かあるごとに登場して心の支えにしています。「ぼくねー朝天狗のペンダントにたのんできたもんで……」と心を奮い立たせるのです。天狗に見守られてどの子も自分の力をせいいっぱい出していきます。園から一日がかりで歩いて行く石巻山や遠足で行く本宮山にも天狗伝説があり、年を重ねるごとにだんだんお話の世界がふくらんでいきました。時には園長先生から天狗のジュースをいただいたり、天狗の蓑や天狗からの手紙が届いたりして心が躍ります。年長組を見て育つ小さいこどもたちも天狗の話を聞いて大きくなります。天狗はひかり保育園の日常に息づいているのです。

この年のすみれ組が天狗にもらった石のペンダント

です。そんな天狗さんの山が保育園から見えたのだから、こどもたちは本当にうれしくなってしまいました。この風景は、新園舎になって間もない頃のことでした。

そして、そんなこどもたちと一緒に天狗さんに手紙を書きました。「天狗さん、パワーを下さい」「ロープ登り、楽しいよ。天狗さん、見にきてね」「竹馬の力を下さい」「いっぱい歩ける力を下さい」「天狗さんに会いたいです」と絵手紙にして届けました（一四五頁 上写真）。

天狗のペンダントを作る

こどもたちの気持ちはすっかり天狗に向かっています。天狗にあてた手紙は廊下の壁に貼っておきました。こどもたちも、「ここならきっと見てくれる」と言っています。

少しして、天狗さんから手紙と大きな石が届きました。テラスの下駄箱の上にカゴに入った大きな石がデンと構えていました。そこに巻物になった手紙が添えられていました。この大きな石は園長先生の遊び心ある贈り物です。いかにも天狗の宝もののような石で、山から持ってきて下さったものでした。朝、登園してきた子が見つけて大騒ぎしています。来る子来る子に伝え、大きな石のまわりにみんなが集まっていました。真っ先に園長先生に報告して呼んできました。隣のたんぽぽ組（年中組）のこどもたちを呼んできて見せています。他のクラスのこどもたちや保育士たちにも見せているのです。この日はこの話でもちきりでした。

それから毎日、天狗さんから贈られた大きな石を眺めて、触って、天狗に思いを馳せていました。そんなこどもたちを見ていたら、大きな石にあやかって天狗さんに届けるペンダントは石のペンダントにしてみたくなりました。その頃、天狗に力を授けてもらえるように願いを込めて天狗のペンダント作りに取り組むことになっていたのです。こどもたちに話してみるとそうしようということになり、石のペンダントが実現することになりました。しかし、石にしたことで、ひもをつけるのにとても苦労したのですが、今となってはそれも楽しい苦労でした。

三つ編みでペンダント用のひもを編む

さて、自分の石を探しに、放水路まで出かけて行きました。川で探検して夢中になって遊び、帰りに自分の石を探して大事に持ってきました。次の日は、ペンダント用のひもを作ります。細いひもを三つ編みにしていきます。ぎゅっとしめて編んで、きれいな細い三つ編みができました。石は洗ってペーパーをかけ、三つ編みのひもと一緒に箱に入れて天狗さんに届けることにしました。天狗さんの大きな石があった下駄箱の上に置いておきました。天狗さんは持って行ってくれるでしょうか。

次の日の朝には昨日置いた箱はなくなっていて、かわりに天狗のうちわの形をした手紙が置いてありました。「お泊まりの日には必ず行くから待っていてくれ」という手紙に、こどもたちはまたまた大喜びしていました。

カレーの皿を作る

うれしくなって次の準備にとりかかります。いつか本物の皿を作りたいと思っていた私はこどもたちに提案してみました。「カレーのお皿を作ってみようか」と言うと、「えっ、できるの」と驚いています。「お皿を作る粘土があって、それで作って陶芸用の窯で焼いてもらうとできるんだよ」と話すと、興味津々です。ちょうど私は地域の陶芸教室に通っていたので、実現することになりました。

「設計図を描いておくといいよ」と言って、小さい紙を用意しておきました。すると、何人ものこどもたちが机に集まってあれこれ考えながら描いています。描いたものは大切にロッカーの箱にしまっていました。

信楽の白い土と瀬戸の赤い土を分けてもらいこどもたちに見せると、やる気満々です。グループごとに順番に作ることにしました。自分で描いた設計図を横に置いて作ります。ペタペタ、こねこね、粘土をこねるのがうれしくて、ワイワイ楽しんでいます。「乾くと、割れちゃうから」と言うと、真剣に大急ぎで作りました。設計図のようにそれらしく作れて、こどもたちも大満足です。なんとか窯入れの日に間に合いました。でも、私はハラハラドキドキ、これこそ「天狗さん、どうか力を貸して下さい」という気持ちでした。

自分のことは自分で、自分たちのことは自分たちでする

楽しく作りながら、もう一方で生活に目を向けていきます。「お泊まりを楽しくするには、どうしたらいいか」をこどもたちと話し合って、一つひとつ目標を立てました。はじめてお母さんと離れて泊まる子も何人かいました。「お母さんおらんもんで、ご飯作らんといかん」「洗うのもやらんと」「自分でやらんと、誰もやってくれん」などと言っています。こうして、「自分のことは自分でする」「自分たちのことは自分たちでする」ことを見つけて、はりきってやろうとしました。

給食を自分たちでよそうことも、この頃から始まりました。クラス便りをまめに出し、こどもたちの取り組みを伝えながらお母さんたちに協力を要請し、家で手伝いをしたり、包丁を使って

料理したり、自分のことは自分でできるように励ましてもらいました。また、生活の目標を一つひとつ伝えて取り組みました。「朝、起きてすぐ冷たい水で顔を洗う」「朝ごはんをしっかり食べ、必ずトイレに座ってウンチをする習慣をつける。出なくてもまずトイレに座ることから始める」という肝心なことができてないことがわかり、家庭と一緒に取り組みました。こどもたちも意識することでがんばる気持ちになり、父母に支えられて、一つずつ自信をつけていきました。

同時に、お泊まり保育で使うものは自分たちで作ろうと取り組みました。パジャマを包む風呂敷とランチョンマットを大和藍で染めることにしました。日本古来から伝わってきた藍染めをこどもたちと楽しみたいと考えていました。風呂敷の真ん中に細字マジックで絵を描き、自分だけの風呂敷にします。その絵はそめーる絵の具で染めました。描いた絵をビニール袋で包み、ゴムでしっかり絞ります。まわりはドングリやビー玉を入れてゴムで絞っておきます。梅雨の晴れ間を待って染め物をしました。テラスの大きな容器に水を入れ、大和藍（染料）を入れると、みるみる黒緑色の液がゆっくり広がっていきます。「すごーい、生きてるみたい」と感激していま す。ゆっくりかき混ぜてから、一人ずつ絞った布を入れていきました。

黒ずんだ液に入れるのは心配だったしんですが、入れてみたら、緑色になって、びっくりしていました。少しの間浸してから広げると、みるみる藍色に。「わー、色が変わった」と目をまんまるにしています。藍のこの変化が不思議でたまらないようです。みんなすごい色の手になって半乾きの風呂敷のゴムをはずしました。水洗いすると、白く形があらわれ、絵がくっきりと浮かび上がってきて感激していました。藍につける時間などで色が濃かったり、うす水色だったりしましたが、それも味があっていいなと思いました。テラスに干すととても素敵なのです。小さい子たちが見にきてくれるのもうれしくて、作り方を説明したりしていました。

今回のテーマは「藍」。それは天狗さんの好きな色ということにしておきました。それで、無事に素焼きができあがったカ

大和藍で染める

素人でも簡単に藍染めが楽しめると聞いて、藍熊染料(株)の大和藍セット（絹・木綿用）を取り寄せ、説明書を参考に下記の要領でやってみました。

① 布は下処理をして十分に水に浸しておく。

② 染液を作る。
・大和藍を水（またはぬるま湯）に少しずつ加えてよく溶かす。
・ソーダ灰を加えてよく混ぜる。
・ハイドロを加えてよく混ぜる。15 ～ 20分そのままにしておく。その時、藍の華が浮かんでいたら新聞紙でとる（あくをとるように）。

③ 染液に布を静かに入れる。浮き上がってこないようにして5分浸す。

④ 取り出して空気に触れさせる。色が緑から青に変わる（ココが不思議！）。トントンたたいて発色（酸化）させる。

⑤ 色を濃くしたい時は、「染め」と「発色」をくり返す。

⑥ 水が透明になるまで水洗いする。

レーの皿も、染めつけは、呉須で藍の色を楽しみたいと思っています。なんとか本焼きも間に合いそうです。

灯りを作る

もう一つ、天狗さんに会いに行く時のおまもりの灯りを作りました。パラフィン紙に絵を描いて白ボール紙で土台を作り、ホッチキスでとめます。天狗の絵を描く子、授けてほしい力の絵を描く子、お泊まり保育をイメージして描く子といろいろですが、どの子も思いがいっぱい伝わってきます。ホッチキスでとめるのに少し苦労したけれど、自分の灯りができて満足していました。

風呂敷ができあがると、パジャマを包んで結ぶ練習をしましたが、ここでもお母さんに協力してもらいました。心配していたカレー皿も焼きあがりました。一つずつ包んである新聞紙を開いていく時が、ドキドキします。みんなの皿がテーブルの上に並ぶと、お泊まり保育でカレーを食べるのが待ち遠しくなります。釘で描いた絵は消えてしまって残念だったけれど、きれいな色が出て、どの子も素敵な皿になりました。仕上げにペーパーをかけ、洗剤で洗いました（カバーそで写真）。

こうしてこどもたちといろいろなものを作りながらお泊まり保育を迎えることができました。園全体で取り組み、みんなに支えられてかけがえのないものになりました。お泊まり保育に向かってせいいっぱいの力を出しみんなでテントに泊まれたのですから、大きな自信になり、クラス集団として動き始めたように思います。何よりも念願だった天狗さんに会え、こどもたちの手元に戻ってきた石のペンダントには、「天狗の力」がしっかりとつまっていました。

上：練習で行ったカレー作りであくをとっているところ
中：じゃがいもの皮むき
下：お泊まり本番のカレーは外のくどでじっくり煮込む

花火を上げて天狗さんを呼ぶ

ドラム缶風呂

夕食はテラスでカレーパーティ

テントに泊まる

県民の森へ

すみれ組になって一回目の県民の森への園外保育は五月十一日でした。東尾根へ登るシャクナゲの自生林へ出かけます。キャンプ場の中を登って登って、すごーい山へ冒険の巻でした。一回目から尾根づたいの岩場を登って、降りて、けっこう険しいコースを登っていくのです。「がんばってるね」と山歩きのおじさんたちに言われてちょっといい気分ではりきって登りました。

山に来ると「天狗さん、見てるかな」と天狗さんの話でもちきりです。「天狗さーん」と山を見上げて呼んでいます。てっぺんに着くと遠くの山々を眺めて天狗さんに思いを馳せています。電車で一時間ほどで行くことができて、山歩きも楽しめ、一日中自然の中で過ごせるので毎月のように出かけます。山歩きを楽しんだ後は、川遊びも楽しめます。こどもたちはこの遠足をとても楽しみにしています。

七月の県民の森での素敵な一日を紹介しましょう。

「県民の森」への園外保育（写真は６月の快晴の日に出かけた時のもの）
上：車尾根に登る　中：展望台でひと休み　下：「岩場だって登れたよ」

電車を降りて歩いていると、「けむり、けむり」と笑っています。「霧だよ」と言うと不思議そうに見ています。川霧が山へ立ちのぼっていく景色はとてもきれいでした。県民の森に何十回と来ている私にとってもはじめてのできごとです。霧立ちのぼる墨絵のような世界でした。雲の

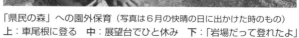

中、稜線づたいの岩場を歩いてあずま屋に着く頃には雨が降り始めました。

いつもならとぶようにどんどん行ってしまうこどもたちですが、ゆっくり滑らないように降りていた時のことでした。前を行くよしみのパパが「雲が下にあるぞー」と叫んで下さったので、こどもたちは思わず立ち止まって下にある雲を見ていました。私もこれらの雲海に見入ってしまいました。本当にきれいでした。高い山に登った時の感動をこの子たちにも、とずっと思ってきたことが実現したのです。

みんなは「雲に乗れたらいいなー」「雲食べたいなー」と、まるでそんごくうになった気分のようです。そのうち雲に包まれているような世界が天狗さんと重なって「天狗さんに会えそうだね」と、こどもたちはドキドキしていました。雨宿りした時、よしみのパパから差し入れの棒つきキャンディをもらって、今度は「エルマー*」の世界が広がっていました。しかも山にはシダがどっさりなのです。「ダチョウシダあるから、りゅうにあげたいね」なんて言っています。こんな素敵な出会いに感謝です。

山から降りた後の川遊びも格別です。お弁当を食べた後なので、身体のほてりもおさまって川に入ると寒いくらいです。それでもそうたが泳ぎに行きました。そうたに続いてぼくも私もと川に入って笑っています。私も泳いでみました。少しすると身体が慣れてきます。足元に魚が泳いでいくのがうれしくて、もぐっては「見えた」「一緒に泳げた」と大喜びでした。

＊『エルマーのぼうけん』ルース・S・ガネット 作／ルース・C・ガネット 絵／渡辺茂男 訳、福音館書店

園長先生が空っぽになったペットボトルで瓶釣りの容器を作って、川に仕掛けて見せて下さったのです。「近くで泳ぐと魚がとれるよ」と言うとバシャバシャとはりきって泳いでいます。少しすると思いの他大きいハヨが掛かってびっくりしました。そうしていると、けんが土手の上からバシャーンと飛び込んだのです。けんに刺激されて男の子たちも次々と飛び込んで大騒ぎしていました。こうじ、かずき、たつと、まこと、しゅう、たかし、さおり、ふみも飛び込んで笑っています。私が感心していると、何回も挑戦して誇らしげでした。おかげで、もう一匹魚がとれてうれしくなりました。その隣では魚を足で捕まえようと、さとしやしんたちが真剣に追いかけていました。

山登りもめいっぱい、川遊びも思いっきり楽しんだ一日になりました。そして、もう一つハプニングが起きました。帰ろうとしたら、また雨が降りだしたのでした。駅までどしゃ降りの中を走るようにしていき、びしょ濡れになっても、こどもたちにはそれも楽しかったようです。元気なこどもたちの姿を見てたくましくなったと思いました。

市民プールへ通う

こどもたちは夏の間、市民プールに通い、思う存分楽しんで暮らしました。この年は園庭を工事していてプールが作れず、父母に協力を頼んで週に二、三回市民プールに通いました。何回も行っていると、常連さんになってプールの指導員の方たちともなかよしになり、「また来たね」「いっぱい泳いで行きなよ」などと声をかけてくれます。着替えも慣れたものです。いつもの場所でさっと着替えて飛び出して行きます。他のお客さんの邪魔にならないように一番奥にきちんと並べてリュックをおきます。

はじめの頃は少し不安そうだったこどもたちも今ではすっかり水と友だちになっています。バタ足もいつの間にか上手になって、気持ちよく進むのでおもしろいようです。あいこは水の中でシンクロの選手のようにしなやかにブリッジをして見せてくれました。その次はクルルルーンとまわります。それを見ていた男の子たちが「ぼくだって逆立ちができるよ」と水の中にもぐっていきました。こうじ、しん、そうたが真剣にもぐり、逆立ちして一生懸命に足を伸ばしていました。水から勢いよく顔を出すと鼻が痛くてつまんでいますが、やっぱり楽しくて笑っています。「しゅんともまわれたね」と言うと、そうたは回転して何回もまわって「洗濯機みたい」とはしゃいでいます。横回転したり、前転を続けるような縦回転をしたりして喜んでいます。水の中で、カメをしたり、金魚をしたり、次々といろいろなことに挑戦していきます。水の中で自由になって楽しんでいます。もぐっていれば捕まらないルールの水中鬼ごっこも大好きで夢中になって遊びました。この夏を思いっきり充実して過ごし、身体も心もたくましくなっていました。

がんばろう会に向かう

なわとびのなわを編む

夏の終わりの頃、十月にひかえたがんばろう会（運動会）に向けて、布を三つ編みにしてなわとびを作ります。いろいろな色の細く切った長い布を用意しておき、その中から二つ選んで白い布を入れて三つ編みにしていきます。あらかじめ選んでおき、私がしっかりと糸で縛って縫い止めておきます。次の日、部屋を広くしてみんなで編みます。長い布は、一つ編むごとに抜いてい

登り棒のところで

かないと絡まってしまうので苦労していました。隣の子と絡まらないようにもしないと大変なことになってしまいます。三つ編みは春の頃から遊びながらいくつも編んできたので、きつくしめて編めるようになっていてお手のものですが、なわとびを編むのは気持ちが引きしまって、どの子も真剣そのものです。しゃべっていると、編み間違えてやり直しになったり絡まってしまって困ったりするので、自然と静かになり、いい空気、いい集中が生まれます。布をぎゅっとしめながら、根気よく、集中して編み続けました。

　編み上がると園長先生や主任のゆうこ先生たちに見せにいきます。ほめてもらって喜んで帰ってきます。半分以上の子が半日で編み上げ、後の子も昼寝をしている隣で、一生懸命になってなんとか編み上げました。編んだものは持ち帰って、お母さんに持つところを作ってもらいます。こうして自分のなわとびができると、すっかりなわとびに夢中になってどこでもとんでいます。春からリズムでしたり散歩に持って行ってとんだりしていたので、走りとびもその場とびもリズムよくとべるようになっていました。

はちまきを作る

次ははちまき作りに取り組みます。はちまきは中央部分を絞って藍染めをして作ります。丸く白抜きになった中央には絵を描き、中表にして針と糸で縫います。百二十センチほどですが、一息で縫うには長いので、五、六人で丁寧に縫います。細かく縫わないとはちまきにはならないと言われ、一針一針すくって縫います。それはそれは丁寧に縫うこどもたちの集中力はたいしたものです。

おおざっぱに縫おうとする子には少し縫って見せて「ここからもう一回縫おうね」と言って見守ります。男の子の中に本当に細かく縫う子がいます。「見て、すごいね。こんなに細かく縫えるんだね」「ゆっくりでいいよ」と言うと、集まってきてのぞいています。一人こういう子がいると、ぼくだってとがんばる子がいるのです。

長い布を縫い上げると、ものさしを使ってその子の目の前でひっくり返します。みるみる表に

自分で作ったはちまきをして（あめくい競争）

なるのがおもしろいようで、「魔法みたい」と喜んでいます。ひっくり返して、最後に折り込んで縫うとできあがります。そして、はちまきをしめると気持ちが引きしまってがんばろう会へと向かいます。赤チームは濃い藍で白チームはうすい藍で染めて作りました。はちまきをすると、がぜんやる気になって竹馬や登り棒、鉄棒の逆上がりと次々挑戦していくのです。リレーの取り組み方にも一段と真剣さが増し、どうしたら速く走れるかとみんなで走ったり、バトンを渡す練習をしたり、走る順番をかえたり、チームで集まってなにやらやっています。

また、竹馬に乗ることを見通して、春から缶ぽっくりや竹ぽっくりで遊んできました。ぽっくりでいっぱい遊んで手と足がうまく使

天狗の下駄（残りの種類は126頁）

えるようになると、今度は天狗の下駄（七種類）に挑戦していきます。順々に難しい下駄に挑戦して、竹馬に乗るのを楽しみにしていました。

竹馬に乗る

九月の終わりの祝日に親子で竹馬を作ります。竹もお父さんたちが採ってきて下さいました。竹はこどもが切り、お父さんやお母さんに作ってもらうと、うれしくてうれしくて、さっそく挑戦します。

そうは言っても、乗れるようになるには、骨が折れます。はじめは、やる気があっても、こわくて一歩踏み出せないで固まってしまう子もいます。そんな時は、天狗さんの出番です。「天狗さんにお願いしてきたで、足痛くてもがんばる」と言っています。

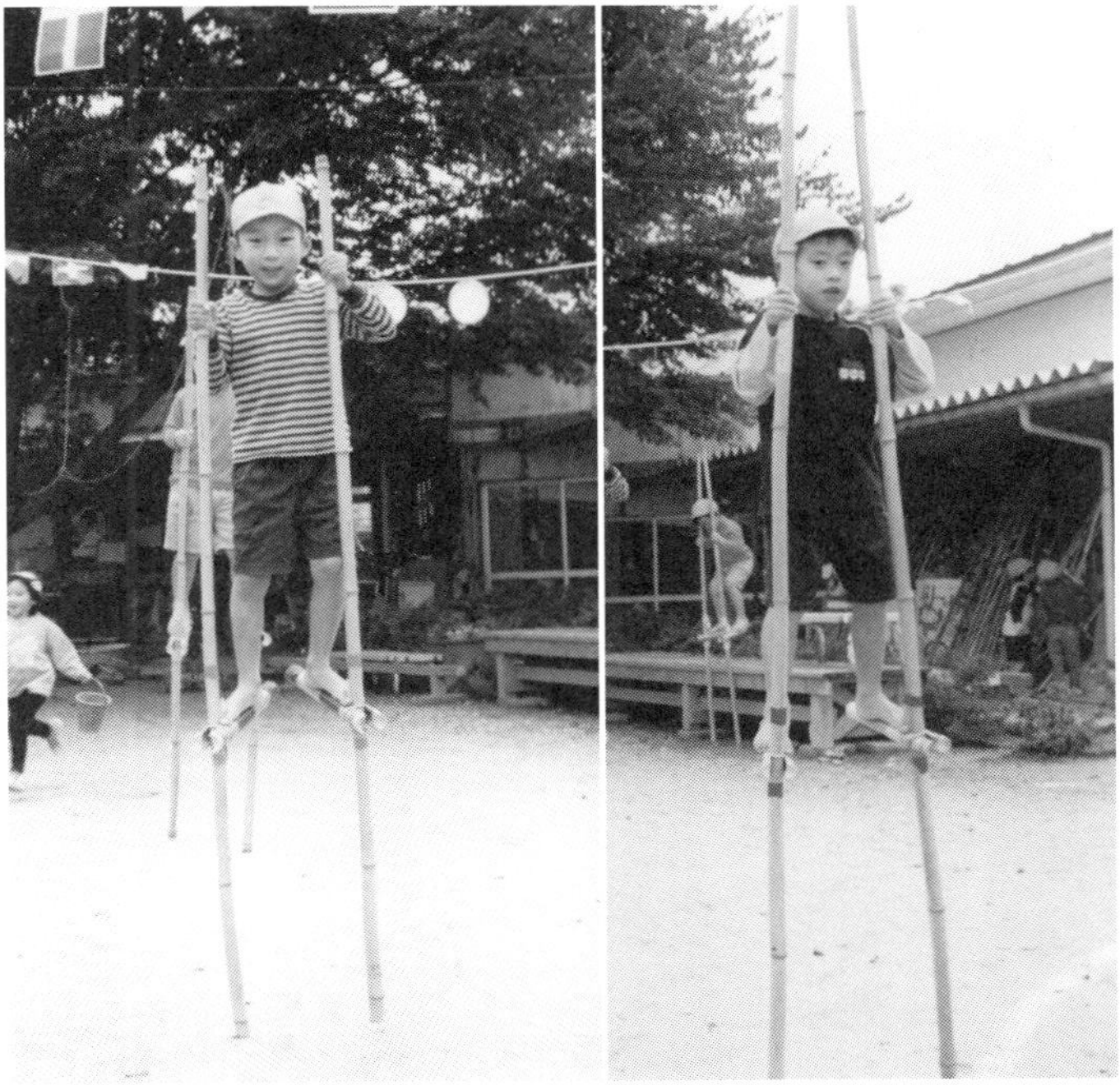

お父さんたちと一緒につくった竹馬（作り方は128頁）

まず、一歩出せるようになることが肝心です。それには、竹を持って、ピョンととんで、降りることを教えます。竹を持って、つき合ってコツがつかめそうになると、がぜんやる気になります。そうしたら、一人で一歩踏み出すのをひたすら待ちます。勇気を出せるように応援して待ちます。私も乗ってみたら、足が痛くてとび降りてしまいました。「足痛くてもがんばるもん」「ちょっと休んだら、乗ってくる」と言ってがんばります。気持ちが萎えそうになると天狗さんの力を心の支えにしているようです。何回も何回もころんでは、またもう一回と挑戦します。

泣けてしまう時もあるけれど、少しできそうな予感がガンバリマンに変身させてくれるのです。ほんの少しでも乗れると、「乗れた！」と大喜びしています。もうそうなったら、頼もしい限りです。あっちでもこっちでもうれしい声があがります。「ちょっと竹を倒すと、乗りやすいに」と発見します。一歩乗ろうと一生懸命になっていたこどもたちもいつの間にか「三歩乗れた」「ここまでできた」と喜んでいます。

次には一メートル間隔くらいで線を引いておきます。目標ができると、また、やる気が出て一生懸命になるのです。足が痛いのも我慢してやり続け、乗れるようになる頃には、足の指も鍛えられていきます。バンソウコウを持参して、勲章のように思っています。「がんばり豆」と言って、誇らしげに見せてくれるのです。そして、一周まわれるようになりたくてうんとがんばりました。一周落ちないでまわるのが難しくて苦労したけど、そうたとしんがすごく真剣な顔でまわり続けたのです。「十周、まわれた！」と歓声をあげました。敬意を表して、一段高くしたら、他の子もぐんぐんがんばりました。竹馬を始めてから一ヵ月後のがんばろう会には、どの子もがんばった証の高さの竹馬に乗って、誇らかに入場しました。

しゅんと、がんばる

園庭が使えるようになって一ヵ月足らずで、がんばろう会を迎えるため、どの子も新しい挑戦の連続でした。春の頃から、違う形で取り組んできたものの、園庭でしかできないものもあって、みんな一生懸命でした。それでも、竹登りに二人の子が苦戦していたら、「みんなで、てつだってあげればいい」ときっぱり言うのです。足をかけるところを両手で支えたり、よしみがしゅんとの足のところを持って自分も押しながら登って、上まで行けてうれしかったしゅんとでした。もう一人、しゅうのまわりにも白チームのみんなが集まってお尻を支えて足を押して、しゅうもみんなもがんばりました。がんばろう会には間に合わなかったけど、もう少ししたら一人で登ってくれるでしょう。

がんばろう会が終わって、十日ほど経った頃でした。「ひろこせんせーい、しゅんとがー、しゅんとがー」と、大きい声で、ゆうじが呼んでいました。急いで行ってみると、一つ、二つ、三つ……と、力をふり絞って雲梯をしていました。「すごい！　しゅんと」「そこまでいったら、全部いけそう」と興奮している私に気づいたすみれのみんなが、「しゅんとー、がんばれー」「がんばれー」と、がんばれコールです。みんなの声に押されて全部渡りきりました。

ゆうじいわく、「ゆうじがねえ、天狗さんに力をもらって教えてあげた」と。「おめでとう！しゅんと」。とんできた私が、しゅんとを抱き上げてくるくるまわして、「よかったね！」と喜び合いました。そして、「豆ができた」と言ってしゅんとは手を開き、豆を見せてくれました。なんと、二つの手にかわいい豆が一つずつつぶれていました。

「がんばったんだね！」――そう私が声をかけた瞬間、今度は、竹登りに向かったゆうじとしゅんとでした。それを見ていたこどもたちも私も、ゆうじの「しゅんと、誰も支えとらんぞ」に、目をまんまるにしたのです。ドッジボールをしていた子も、鉄棒をしていた子も、またまた、しゅんと、がんばれコールでした。「もうちょっとだぞ」「しゅんと、鈴鳴らせー」の声が響いていました。それに応えるように、みごとに鈴を鳴らせて、降りてきたのです。しゅんとの素敵な晴れの日でした。そして、ちびっこ先生になっていたゆうじとすみれ組のみんなのうれしい日になりました。

どこまで歩ける会——石巻山まで往復二十三キロ

がんばろう会が終わると、今度は石巻山の天狗さんに会いに出かけます。天狗さんに支えられ、天狗さんとともに過ごしてきたこどもたちは石巻山へ行くのを楽しみにしていました。がんばろう会でのたくさんの挑戦やがんばりも、天狗さんにもらった力を心の支えにしていました。テラスから石巻山に向かって、「待っててねー」と叫んだり、放水路に行くたびに石巻山のほうを向いてお願いしたり、ペンダントに力をもらったり、いつも天狗さんがそばにいました。

十一月九日朝七時半、いよいよ出発です。こどもたちは元気いっぱいで出発しました。下郷の田んぼまで来ると朝の空気がさわやかに感じられます。朝露がキラキラ輝いて、曇っているけど、雲の間からおてんとさまがちょこんと顔を出し、その木洩れ陽が放射状に光の帯を作って石巻山に注いでいるのです。少し霞みがかった山々の中でぽこんと突き出した石巻山がひときわ輝いていました。「天狗さーん、今からいくでねー」と叫んでいました。この素敵な始まりにうれしくなりました。

そんな時園長先生が見つけたお宝一号、それはヘビの抜け殻です。しかも、目の跡まで見える完全版なのです。私もはじめて見て興奮しました。田んぼに来ると車が通らないので、手を放して思い思いに歩きます。ホトケノザのウサギの耳のような花を手にいっぱい摘んで、エノコロ草を見つけてくすぐって、タンポポの綿帽子を見つけて吹き飛ばして、小さい一本橋を見つけて渡って、草の上に朝露が光っていてコロローンと露の玉がころがるのを見つけて笑っていました。イナゴを捕まえてずっと連れて歩いたのはかずきでした。放水路にはいっぱいのシラサギがいて、いつもと違う朝の光景に目をみはりました。川のそばまで行って天狗さんにまたまた挨拶をします。石巻山が主役のような陽の光にうれしくなります。朝早い時間なので仕事に出かけるおじさんやおばさんが声をかけてくれます。

お宮で休憩しました。「休憩ばっかりだね。全然疲れん」と、ゆきがニコニコしています。もちろんこどもたちは走りまわっています。ちょうどお宮の囲いの槇の木の実が食べ頃なのを見つけて、ほおばります。今ではこの「おちょろ」が珍しく、「あまーい」「おいしい」と大喜びでした。

このお宮を過ぎると、石巻山がぐっと大きくなって迎えてくれるのです。天狗さんコールが響きます。いい具合にカラスが飛んで行くのに出会い、「カラス天狗が飛んでったね」「カラス天狗さーん、天狗さんに言っといてよー」と、もう天狗さん一色になっています。園長先生が

「あっ、てっぺんの岩のところに天狗さんが見えたぞ」と言うので、「えー、どこ」「ほんとだ。見えた」と言う子も、「見えんもん」と笑っている子も、天狗さんのことで、みんなの心はいっぱいでした。

用水を抜けると、カラスウリが鈴なりになっている秘密の場所に出て、帰りに採っていくことにしました。そこを通り過ぎると、イチゴの温室の間の道に出て、いっぱいのミツバチにワイワイ言っていると、温室の中からおばさんが「ミツバチだから、大丈夫だよ」と声をかけてくれます。ここまで来ると石巻山が間近に迫って見えてきました。

川の土手に上がると、さとしの「カモがいた」の声に、みんなで大喜びしていたら、見事に飛び立っていきました。この土手でも休憩です。九時半頃でした。こどもたちはうんと歩いてきたのにまだ九時半と聞いてびっくりしていました。登山口へ向かう辺りにいつもムカゴがあるので、園長先生と真剣に探しました。そうしたら、アケビを一つ発見したのです。真っ白な実がパカンと開いて食べ頃のアケビを少しずつ味わったら、とろけそうに甘いアケビでした。プップッと種を飛ばして食べました。ムカゴも一つずついただきました。もう少し行ったところに一軒だけお店があります。閉まっていたのに園長先生が頼み込んで開けてもらいました。そこで、一つずつ好きなアイスクリームを園長先生に買ってもらってほおばります。ご褒美のアイスをいただいて、これが何よりうれしいこどもたちです。

いよいよ石巻山へ、登山道へ入ります。その入り口にドングリがどっさり落ちていて、みんなで拾ったお宝二号でした。樹々の中に入って行くといつになく暗くて、探検気分満点なのです。たつとが持ってきた懐中電灯を早速つけて照らしてくれます。石巻山天狗の森の探検隊のこどもたちは「やまーをふみこえ♪」と歌って駆け出していきます。長いマテバシイの実、小さな楢の木のドングリ、丸いクヌギのドングリ、そしてアケビのツルを見つけて、感激しています。そのツルをみんなで引っ張って、続きは電車のように引っ張ってどんどん登っていきました。鉄塔の立つ明るいところに出ると歓声があがります。アザミの花がいっぱい咲いていて、ふと見ると、臭木（くさぎ）の実が採り頃なのです。どっさり摘んで袋にいっぱいのお宝三号でした。大きい樹から下がっていたツルを私が引っ張っていたら、一人、二人とやってきてだんだん増えて、わっしょいわっしょい引っ張ってくるくる巻いてお宝四号です。

中腹に出ていよいよ山登り。その前に、石巻神社に立ち寄り「天狗さん、ありがとう」のお礼参りをします。山道を登っていくと、途中に蛇穴があります。「天狗さんも入ったかな」と這ってしか入れない蛇穴の探検に心が躍ります。ここでもたつとの懐中電灯が活躍して、「一番奥まで行けた」「いい景色が見えた」と弾んでいました。「私も行ってみたいなー」「お尻が小さくなったら入れるかなー」と言うと、うれしそうに「でぶだもんで入れん。こどもにならんと」と言われてしまいました。大人にはできないすごい探検ができてうれしくてたまらないようです。

♪「すすめ山賊」中村欽一 詞／丸山亜季 曲

「天狗さん、いるかな？」（蛇穴）

「一番奥は崖になってた」と目をまんまるにしていました。

　この辺りから岩が多くなってきて岩場を登っていきます。ついに大天狗、小天狗の岩に着きました。そこに登って記念撮影をします。「天狗のお墓だよ」と聞いて本当に天狗さんに会えそうな気がしてきました。天狗さんの気配を感じてスルメをほおばりました。石巻山はてっぺんの岩場が最高なのです。短い間だけど、岩登りにワクワクし、少々緊張もします。しっかり鎖を持って順番に登ります。てっぺんから見える景色に大感激です。今歩いてきた道がなんと小さく見えることか。イオンや赤塚山まで見えて、もちろん豊川はくっきりときれいに見え

石巻山の山頂にて

るのです。こどもたちには車がうんと小さく見えたことが印象的だったようです。てっぺんの岩場で待望のお弁当にします。どの子もおいしそうに食べて、幸せなひときでした。てっぺんの岩場で見つけた持ち帰りのできない宝もの、こどもたちは天狗さんの山にいることがうれしくて、「天狗の手型、見つけた」などとドキドキしていました。

その心のまま山を降ります。下り道の速いこと、駆け降りてどんどん行ってしまいます。ポツポツ雨を感じて急ぎ足になりました。足もとがおぼつかなくなり、スッテンところがってしまう子もいて心細くなるのですが、やっと辿り着きほっとしました。

山を降りたところで着替えをしてさっぱ

りしました。チョコと飴のおやつをいただいて、元気を出して帰路につきました。心配した雨もたいしたことはなく、みんな元気に無事に帰ってきました。田んぼ道を歩く姿はさすがに疲れて口数も少なくトボトボ歩いていた子もいましたが、お宮で休憩をしてチョコを食べたら走りまわって遊んでいました。疲れはてていたこうじとかずきは前に入れてもらってうれしそうに歩いていました。泣き出したくなる天王の田んぼで、みんなでがんばるぞコールをして勇気を奮い立たせ、気合いを入れて帰ってきました。

どこまで歩ける会の表彰状（144頁）を持って

少し暗くなってもいつものように早歩きです。この頃にはなぜかハイテンションで、わっしょいわっしょい踊っていたのはこうじです。みんなも疲れてもニコニコして、元気が出て、待っているお母さんの胸に飛び込んでいけたのでしょう。保育園に着く頃には「疲れとらん、もう一回行きたい」などと言っています。

朝早くから暗くなるまで一日中歩いていっぱいの冒険をしたこどもたちはまた一

つ大きくなって自信をつけていきました。

竹馬に夢中になる

この年の年長組のこどもたちは、冬を越えて春まで、来る日も来る日も竹馬に夢中になって暮らしました。がんばろう会（十月二十七日）に向けては、高い竹馬に乗りたくて、高さへの挑戦が続きました。本番では、自分の背の高さくらいか、背より高い竹馬に乗った子もいて、颯爽と入場しました。その誇らしげな顔は自信に満ちていました。

がんばろう会の次の日、やり遂げたこどもたちに次に踏み出してほしくて、一番乗りやすい高さに切ってみました。そうすると、自由になってどこへでも行けそうに思えるようです。土の山に登ったり砂場に挑戦したり、いろいろなことを考えて遊び始めます。その時が、チャンスです。「竹馬競争、してみようか」と提案します。さんざん競争して遊び、自分の足のようになって、自由自在、なんでもできるような気になっています。棒をまたいだりマットの上を歩いたりして、得意になっています。

今度は、「竹馬でリズムができるんだよ」と誘いました。「えー？」と言いながらも、おもしろそうと、とびついてきます。「カニになって、横に歩けるかな」と言うと、「そんならできる」と、やってみようとしています。「赤いカニ子ガニ……」と歌うと、あちこちで横歩きが始まります。「じゃあ、くるくるまわれる？」「できる、できる」と、おもしろがって次々まわって喜んでいます。

こんなふうに遊んでいると、こどもたちはスキップキップやツーステップもやってみたくてたまりません。ワイワイといっぱい遊んで、いつの間にか、止まることもできるようになり、難しいうしろ歩きにも挑戦していました。そうすると、「川のリズム」や「ひらいたひらいたのリズム」がみんなで楽しめるようになります。このリズムは一人ががんばってもうまくいかないので、そうたやすくはありません。しかし、遊びの中で自分のペースで挑戦していくので、楽しんでいるうちにいつの間にか、自分のものにしていきま

「カニ歩きだってできるよ」

竹馬でリズム「ひらいた ひらいた」

した。誘い合って一緒にやりながら、心を合わせることを学んでいきます。そうやってみんなで成功した時には、かけがえのない達成感を味わい、心がひとつになるのでしょう。なんともいい顔をして見せてくれます。

「あのね、ケンケンでかかしのリズムができるんだって」と言ってみました。「えーっ？」「そんなのムリムリ」とびっくりしていました。私だって、そんな難しいことってずっと思ってきました。でも、今のこの子たちなら、ひょっとしてできるかもしれないと期待してしまいました。「だけど、つくしんぼ保育園のこどもたちはやってみせてくれたんだよ」「くるくるまわって止まったら、パーンと一本の竹をほおって、ケンケンするんだよ」と言ってみました。「音楽教育の会」（一二九頁）で出会った群馬のつくしんぼ保育園のあの鮮烈なこどもたちの姿が目にやきついて離れない私でした。

こどもたちはほんとに素敵です。あんなふうに言ってても、その日からケンケンに挑戦しているのです。私の願いがこどもの心に届いたのでしょう。何日か経った頃、呼ばれて行ってみると、みさきがケンケンをして見せてくれるのです。「すごーい、みさき」。見てる私のほうがドキドキしてしまいました。みんなにも「みさきってすごい」と言われて、ますますおもしろくなってしまったようです。来る日も来る日も、ケンケンして笑っています。それで、他の子も「できるかも」と思えてくるのです。密かにやり続ける子が続出です。なんと百回よりたくさんケンケンが続いて、私もびっくりしてしまいました。

しんいわく「みさきとまこと、新聞に出てほしい」「出れるよねー、すご～い」と絶賛しています。「ほんとにすごい」と思って、こんなふうに表現したのでしょう。そして、「今度は、ぼくだって……」と思っているのでした。もうこの頃には、私はこどもたちのみごとな挑戦に脱帽です。このケンケンの挑戦は渦のようになって、少しずつ一人また一人と広がっていったのです。

そんなある日、こうじが階段を登ろうと必死になっているのを見つけて、またびっくりしました。園長先生もちょうど職員室の窓からこどもの様子が見えたようで「手、出すなよ、やらしとけー」と言って下さいました。とはいっても、見ている私のほうがヒヤヒヤでした。ころんで、スッテーンとして、すごく痛いはずなのに……ころんでもころんでも登りたくて、また起きて挑戦するのです。私は園長先生と陰からそっと見守りました。園長先生の、こどもが自ら挑戦しようとしている時には信頼して見守る姿勢に私も励まされ、ドキドキしながら見ていることができました。膝は擦りむいて痛々しいのですが、また、がんばります。そのひたむきな挑戦に私のほうがドキドキしてしまいました。ずーっと挑戦し続けて何回ころんだことでしょう。

次の瞬間、一段登って、「できたー！」とこうじの歓声です。私は思わず駆け寄って、「おめでとう！　こうじ、がんばったね」と抱きしめてやりました。それから、また一つすごい挑戦が始まりました。

竹馬の練習中、私は「やってもいいで、一人ずつにして」とか、「小さい子がいない時にやって」というお願いはしましたが、決して「危ないから、やめて」とは言いませんでした。こういう時こそ、こどもは自分の身体と自分の力と相談して考えるものです。いっぺんにはすごい挑戦はできないことも知っています。コツコツと自分にできそうなことから、一つずつ挑戦していきます。階段登りに挑戦する一方で、密かにケンケンに挑戦していました。そうして、その子のペースで挑戦しているのを認め合っているようでした。

塀のところにもたれて、ゆきが「こうやって乗れるよ」と発見して、みんなが塀の人になっています。たしか、前に教えたはずですが、こどもが発見すると、いっぺんにみんなに広がります。

階段登りに、来る日も来る日も挑戦していたそうたが、ついに一番上まで登ることに成功したのです。しんが飛び込んできて、自分のことのように報告してくれるので、大急ぎで見にいきました。こうなると、「ぼくも」と真剣な顔で挑戦していく子が何人も出てきます。はじめに登ったこうじも、一緒にやっていたまことも、成功して頬をほてらせています。自分のことのように喜んでいたしんも「二段、できた」とうれしそうです。

「一段登れるだけで、じゅうぶんだよ」と私はヒヤヒヤしていますが、こどもたちの挑戦はとどまるところを知りません。知らないうちに、「階段を降りる」にも挑戦していました。

ついに、「降りる」にも成功したそうた。二階への外階段を登りきって、テラスのトンボの塔をひとまわりして、いよいよ降ります。緊張した面持ちで真剣に一段一段と全部降りてきました。いつの間にか集まってきて、かたずをのんでそうたの挑戦を見守っていたこどもたちが、自分のことのように喜んでいました。ただただ関心するばかりです。こどもたちにはとてもかないません。ほんとに素敵なこどもたちに大きな拍手をおくります。

この頃になると、みんなでリズムをするのも一段と楽しくなっていました。たまたま二階のテラスで、たくさんの子が竹馬をしていたので、歌っていたら、ぼくも私もといつの間にかみんなでリズムが始まりました。川のリズムが始まり、次々こどもたちがつながって流れを作っていきます。大好きな「スキップキップ」も、竹馬なのにちゃんと「チョン」で顔を見合わせてかわいいのです。カニのリズムはキリッと横に竹を出せるようになって、みんなですると、カニの行列のようです。コマのリズムもくるくるまわって、笑っていました。

この日ははじめて、「ひらいた　ひらいた」のリズムが成功して大喜びでした。「つーぼんだ、つーぼんだ」のうたに合わせて、みんなが真ん中に集まって足踏みをするのですから、圧巻です。そうして、うしろに下がって「ひーらいた」になるので、成功した時には見ていたこどもたちみんなが拍手、拍手でした。秋からずっと暇さえあれば、竹馬にとんでいくこどもたちでした。どの子も竹馬のおもしろさに夢中です。竹馬ブーム到来のすみれ組でした。卒園間近まで続き、思う存分遊びました。

自分たちで遊ぶものは自分たちで作る

そして年が明けるといよいよコマまわしに夢中になります。お正月の遊びはこどもたちをとらえて離しません。すみれ組のコマはひとまわり大きい白木のコマ（直径七センチ）で、まわすと迫力があり、小さい子たちの憧れの的です。

コマが大好きになったこどもたちは色画用紙を巻いて作るコマ作りにも明け暮れています。小さいコマをたくさん作って宝箱にいっぱい入れて大切にしています。ぎゅっと巻いて作れるようになると、両手を合わせてまわす大きいコマに挑戦するのです。細く切った色画用紙をいくつもいくつも巻いていくので息の長い仕事です。このコマは年中組でも作れますが、大人の助けが必要です。年長組では、ほとんど自分で作り上げることができるのです。色の組み合わせを考えて作るのも楽しくて、ずっと続きます。最後に木工用ボンドを真っ白になるまで塗って粘土に立てて乾かして完成します。また、折り紙四枚で作るＵＦＯゴマにも夢中になり、小さい子に作ってプレゼントしていました。このコマも色や柄の組み合わせを楽しんでいました。

凧あげをしたくて凧も作ります。ビニールに油性マジックで絵を描いて竹ひごを二本貼ってグニャグニャ凧を作って凧あげを楽しみます。空高く上がるのでおもしろくて夢中になり凧糸一本全部出して上げる子もいました。次は障子紙でダイヤ凧を作ります。この凧にはお話の絵や凧あげやコマまわしの絵を丁寧に描いて作り上げました。

紙で巻いて作るコマ

※「子どもの遊びと手の労働研究会」で学んだ方法です。

材料・道具

色画用紙、丸棒（つまようじ、だんごの棒、フランクフルトの棒など）、木工用ボンド、セロテープ、粘土、ナイフ

① 色画用紙を１～1.5cmの幅に細長く切る。いろいろな色を用意するとよい。

② 丸棒に色画用紙をしっかりとセロテープでとめ、ぎゅっと巻いていく。

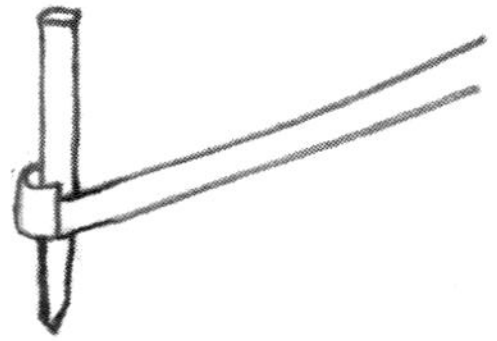

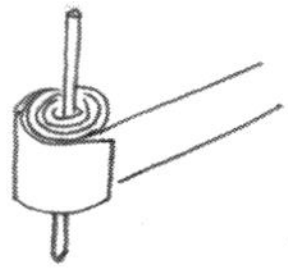

２本目は少しだけ端にボンドをつけ、前のものにはさんでしばらく押さえておく。しっかりついたら巻いていく。

小さいものでも３本は巻きたい。たくさん巻くと大きいコマになる。最後にするときは、ボンドでしっかりとめる。

③ ボンドでしっかりとまったら、紙の部分全体に木工用ボンドを塗る（真っ白になるよう均等に）。

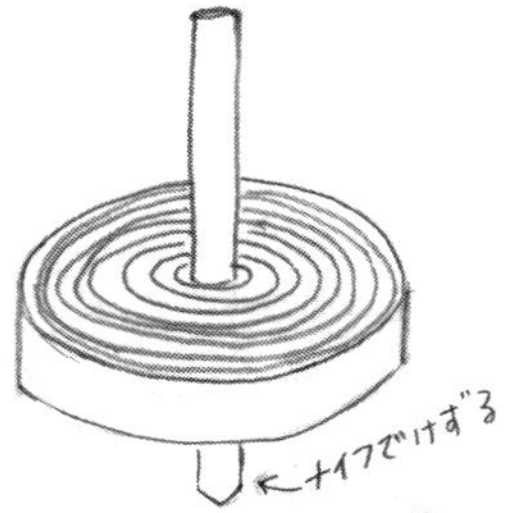

④ 粘土に刺して乾かす。乾くとつやが出てきれいになる。

折り紙4枚で作るUFOゴマ

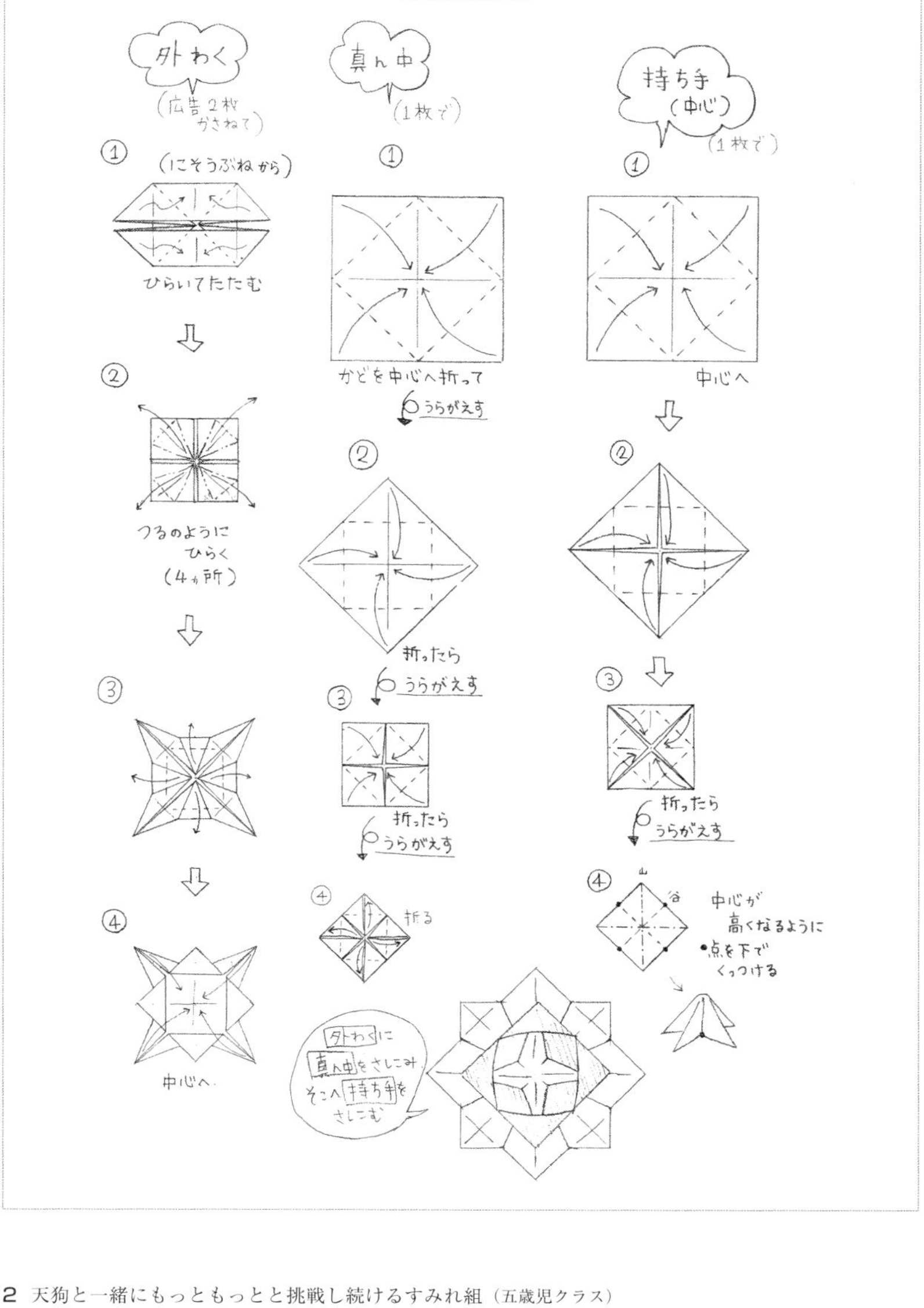

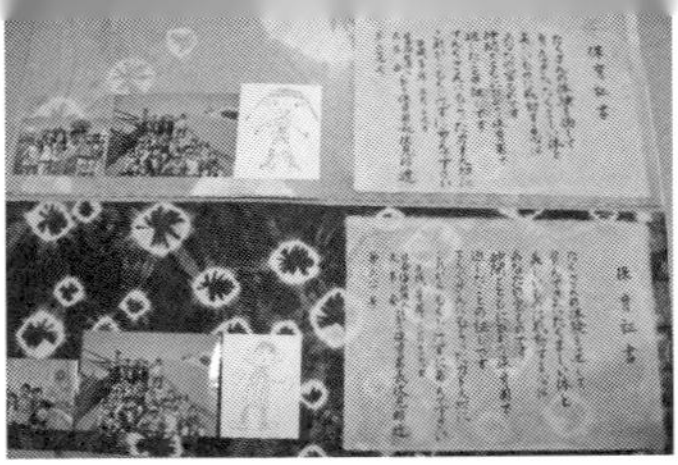

卒園証書（中）

卒園に向かう

コマまわしや凧あげ、竹馬に夢中になって過ごしているこどもたちは卒園に向かって動きだします。いよいよ卒園証書作りが始まります。去年のすみれ組がするのを見ていたこどもたちはずっと楽しみにしていました。証書を紙すきで作るのは園の伝統になっています。

主任のゆうこ先生が小原村に出向いて紙すきを学び、紙すきの枠をそこの職人さんに頼んで作ってもらったので、作りやすくなりました。それまでは自分で枠や網を作っていたので大変でしたが、今では本格的に紙すきができるようになりました。小原の和紙工芸館で紙すきの原料のコウゾをわけてもらい、一番寒い時期にざぶり（水にコウゾで作った材料を入れて混ぜる作業）をします。手が冷たくて痛くなるのですが、これをしっかりしないと、きれいな和紙にすけませんそれはそれはがんばって混ぜました。

そして一人ずつ順番にドキドキしながらすいていきます。テラスに干して乾かすので、小さい子たちが興味津々で見にきています。赤塚山と石巻山で見つけた臭木の実、巨峰の皮、ビワの

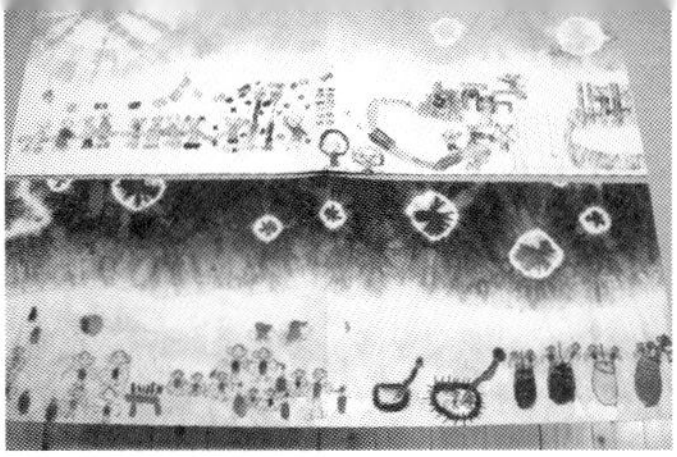
卒園証書（カバー）

葉、茜の根で草木染めに、コウゾそのままのものも作り、自然のやさしい色の紙にすき上がりました。臭木のきれいなあさぎ色、茜のうす桃色、そしてぶどう色に染まり、こどもたちも私もワクワクしてすきます。そのたびに違うので、失敗ばかりして何回もすき直し、やっとすき上がりました。「早く成功しんと卒園証書できんじゃん」と心配していましたが、みんなのものができるとほっとして「よかったね」と喜び合いました。紙すきに入れた押し花は、春に摘んだつくしやなずな、なのはな、ハーブの花、葉っぱ（県民の森で拾って大事に取っておいた紅葉）です。この紙ができあがると、園長先生が毛筆で書いて下さるので、とても楽しみです。

次に卒園証書の布のカバーを作ります。下三分の一くらい白くなるようにビニール袋を使って絞り、その上はドングリやビー玉を入れてゴムで絞り、染めます。絞り染めも四回目なので自分でぎゅっと絞れるようになっていました。お母さんに頼んで集めたたまねぎの皮、夏に摘んで冷凍して取っておいたマリーゴールドの花、大和藍、茜で染めることにしました。自分で絞った布を染液に浸すとみるみるうちにきれいに染まりました。その白く残したところに「ひかり保育園での一番の思い出」の絵を描いて、卒園証書ができあがりました（一五〇頁～写真）。

最後に思いっきり楽しいことをして卒園を迎えたいと思っていました。そんな時、園長先生が声をかけてくれました。「天狗さんからお菓子をもらってきたので、お抹茶でお茶会をしよう」とうれしいお茶会のおよばれでした。じゃんけんで三人ずつ招待されて、職員室に行き大喜びで

② 容器に①とそれがかぶるくらいの水を入れて火にかける。

③ グツグツ沸騰させてしばらく煮込む。

④ 火を止め、容器から草木の入った袋ごと取り出す。煮出した液がまだ熱いうちに媒染剤（焼みょうばん）を溶かし入れる。

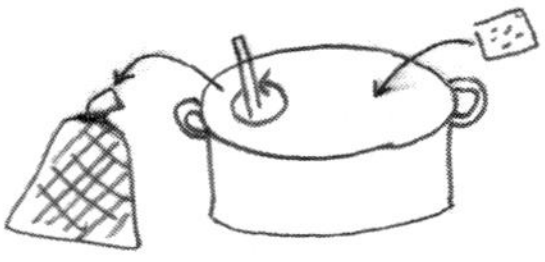

⑤ 容器に水を加えて煮出した液の温度を下げ、湿らせた布を入れ、火をつける。

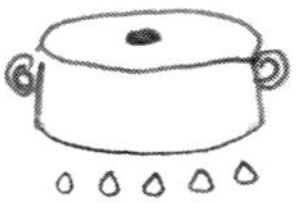

⑥ 沸騰したら少し弱火にしてしばらく煮込む。

⑦ 火を止めて、しばらく放置して冷ます。

⑧ 水の色が透明になるまで流水でよく洗う。

⑨ 洗濯機でよく絞る。　⑩ 風通しのよい日陰で干す。

絞り染め

下処理をしてからこどもたちにもできるよう輪ゴムを使って絞ります。中に大豆、ドングリ、ビー玉、おはじきを入れて輪ゴムで絞ります。折りたたんでゴムでとめたり、板でとめてゴムで縛ったりしてもおもしろい模様ができて不思議です。いろいろと試行錯誤してみましたが、絵を描きたい時は、その部分をビニール袋で絞り、白抜きにして染め、後から油性マジックとそめーる絵の具を使って描くときれいに仕上がりました。

草木染め

手に入りやすいものを中心に草木染めを楽しみました。媒染剤は危険が少ない焼みょうばんを使いました。『だれでもできる草木の染色教室』（箕輪直子著、誠文堂新光社、1995年）参照。

材料集め

・たまねぎの皮…………お母さんたちに協力してもらいました。いつでも持ってきてもらえるようにカゴを置いておきました。一年かけてなので、どっさり集まりました。

・巨峰の皮………………夏から秋にかけて、できるだけ巨峰を食べてもらうようお願いしました。皮は冷凍しておいてもらい、染める日に持ってきてもらいました。

・マリーゴールドの花…園庭の花壇で育て、花を摘み、冷凍してとっておきました。

・臭木（くさぎ）の実……散歩で探し歩いて集めました。中のきれいな青い実を使います（これも冷凍します）。たくさん採ったつもりでも、青い実だけにすると少しになってしまうので、紙すきの時に使いました。

下処理

綿の布を使うので、下処理が必要です。大豆を一晩水に浸しておき、ミキサーでつぶします。それをガーゼまたはふきんでよく絞り、水を加えて豆汁をつくります。そこに染める布を30分ほど浸し、絞って、天日でカラカラに乾かします。

染め方

① 草木・花は細かく刻み、網の袋に入れて口をしめる
（たまねぎの皮、巨峰の皮はそのまま袋に入れました）。

台所用ネット

帰ってきました。園長先生の素敵な演出に私もうれしくなりました。いつも天狗の話をしたり、天狗のジュースをもらってきたり、天狗のふりかけを下さったりしました。こどもたちは園長先生は天狗の友だちと信じきっていました。

もう一つ、主任のゆうこ先生のワクワククッキングです。春巻きの皮で作るミルフィーユ、春を感じる桜もち、チーズケーキを一緒に作って食べ、楽しい時を過ごしました。また、豆腐屋のたつとのお父さんが来て豆腐作りも体験しました。みんなに卒園のお祝いをしてもらって幸せなこどもたちです。

天狗にもらった力はみんなの宝もの――天狗と一緒に過ごした一年

いつも天狗に見守られて、天狗とともに暮らした一年でした。勇気を出してもらった天狗のペンダント、一年の始まりは天狗に会ったお泊まり保育でした。夏には、市民プールに何回も行けてもぐって泳げるようになったみんなはエネルギッシュな夏のこどもでした。そして、がんばろう会へ向かっていきました。お父さんやお母さんに応援してもらって、思いっきり挑戦できたと思います。友だちと一緒だから、せいいっぱいぶつかっていけたがんばろう会でした。友だちのことを、自分のことのように喜んだり、励まし合ったり、年長組らしく変わっていきました。みんなでする喜びが大きな力になっていました。苦しくなった時、テラスから「天狗さーん」と呼んだり、宝もののペンダントにお願いしてきたりしてがんばりました。どんな時も、天狗さんはこどもたちの心の支えになっていました。そして、どこまで歩ける会では、石巻山の天狗に会いに行きました。一日中歩いていっぱいの秋の宝ものを見つけて、天狗さんとお話しして楽しむことができ、大きな力になりました。本宮山登山もお父さんお母さんたちと一緒に登ることができ、一つひとつ乗り越えていきました。県民の森の天狗さんの山にも何回も登りました。雲が下に見えて感激したり、「天狗さーん」と呼んだり、こどもたちに身近な山になったようです。

そして、冬にいろいろなものを作りました。紙すきをして、草木染めをして、縫い物も、陶芸の粘土も、できる限り本物をと思ってこどもたちと作ってきました。きれいな臭木の水色や巨峰のぶどう色もたまねぎの色もマリーゴールドのさわやかな黄色も大和藍のあざやかな藍色もやさしい茜色も本物だから本当にきれいで、ワクワクしました。何か作るたびに「天狗さん、ありがとう」と言うこどもたちでした。また、グッドタイミングで園長先生が天狗さんにもらってきてくれたプレゼントもうれしいサプライズでした。こんなふうに、一年を通して天狗さんに支えられ、仲間とともに育っていったすみれ組でした。

3

「あたりまえの暮らし」が息づく保育を求めて

こどもと一緒にいると、ハッとすることがある
何を見ているんだろうとこどもの目線の先を一緒に見つめる
こうして同じ空気の中で同じものを見つめる時、一緒になってワクワクする
そうしていると、こどもたちとなにかやってみたくなる
なんでもやれそうな気がしてくる
こどもの感性って、こどもの力って、すごいなあと思う
こどもと一緒に、私も真剣になる、考える
そして、一緒になって楽しんでしまう
こどもたちと私とあたりまえの暮らしの中で響き合うのがいい
こどもたちはいつも、せいいっぱいを生きている
一緒に私もせいいっぱいを生きる
そこに、うたがあり、リズムがある
絵を描いて、お話をする、お話の世界を楽しむ
こどもと暮らす中で大切にしてきたことだ
自然に囲まれて、お話の世界の中でしっかりと自分を出す
思いっきり友だちと一緒に遊び込む
この時、一人ひとりが、くっきりと育っていく

エノキの樹で木登り（夏）

エノキの樹でロープ登り（冬）

あたりまえの暮らしが息づいている、そんな毎日をこどもたちと紡いでいきたいと思って保育をしてきました。自然の中で生き物に囲まれてのびのびと過ごす、息をいっぱい吸って五感をひらき、身体全体で感じる、そんな暮らしをつくっていきたいと思うのです。このあたりまえの暮らしが失われつつある時代だからこそ、意識的につくっていきたいのです。その中で多くの体験をし、いろいろな発見をして、育っていくこどもたちとともに過ごし、感動を共有できたら、幸せです。こどもとかかわる大人も一緒におもしろさの追求をしていきたいと思います。そうすることでこどもたちの心にもやってみたいという気持ちが育まれていくことでしょう。こどもが自ら動きだせることを願って、楽しい暮らしをつくっていきたいと思ってきました。

「食べること」が楽しみに

さつまいもほり「うんとこしょ、どっこいしょ」

ひかり保育園の園庭には食べられる実のなる樹がいくつもあります。春一番にきれいなうす桃色の花を咲かせるアンズの樹があります。このアンズの実はジャムにしていただきました。

旧園舎の頃はこどもたちが登れる樹も多くあり、木登りを楽しんでいました。園舎の前のエノキ（榎）にはロープがぶら下げてあり、ロープ登りをしたり、二つのロープを結んでブランコにして遊んだりしてい

すみれ組さんたちのあざやかな包丁さばき

ました。秋にはどっさり実をつけます。小鳥が来てついばみ、こどもたちも味見したり、ままごとの材料にしたりして遊んでいました。ヤマモモの樹は小さい子でも登りやすいので、この樹から木登りに挑戦していきます。しかも一面真っ赤になるほどびっしり実がなるので、樹に登ってほおばって口のまわりを真っ赤にしています。

新園舎になって、木イチゴがどっさり実をつけました。みんなで毎日食べてもまだ余り、ジャムにしてもらいました。まだ植えたばかりですが、ビックリグミ、イチジク、カリンも実をつけます。なんと言ってもこどもたちは「食べる」ことが大好きです。自然の中で楽しみが倍増します。こうした楽しみを体験することで、こどもたちは考えたり、工夫したりして、自ら動きだして遊ぶようになります。ここでも大きい子たちのするのを見て小さいこどもたちも育っていくのです。

また、保育園から少し離れたところに畑があります。年長組になると畑仕事をまかされ、はりきって始まります。じゃがいも、たまねぎを収穫し、キュウリ、トマト、ナス、ピーマンなどの夏野菜の苗植えをして育てます。

園庭のくど　もち米をせいろで蒸す

植えると、毎朝大きなペットボトル二本にたっぷり水を入れて水やりに出かけます。暑い日には草取りをしなければ、育ちません。大変な仕事をすると、収穫がうれしいのです。もぎたてのキュウリの丸かじりは格別です。畑の隣の公園に行って、洗ってポリポリかじると、甘くておいしいのです。いっぱい採れると、包丁で切って小さい子たちにも分けてくれます。

夏野菜が終わると、今度はさつまいもを植えます。大根や水菜は種を蒔きます。冬になると、じゃがいもやたまねぎを植え、カリフラワーやブロッコリーも育てます。その季節に採れる野菜を包丁で切るのは年長組の仕事ですから、包丁は使い慣れてうまいものです。その切った野菜をホットプレートで焼いたり、外のくどで料理したりして食べます。年長組が料理していると、いい匂いに誘われて自然と小さい子たちが集まってきます。見ていると、おねえちゃんたちがフーフーして口に入れてくれるのですから、やめられません。こんなふうにいつの間にかみんなが集まってくるのがいいのです。焼き芋も大喜びで、何回も楽しみます。以前は鉄板焼きも楽しんでいました。

石臼でもちつき

最近では、主任のゆうこ先生が中心になって、大きいこどもたちと職員みんなで漬けものを作っています。梅干し、らっきょう、生姜の甘酢漬け、ぬか漬けをどっさり作ります。いつも見えるところで作るので、こどもたちは梅干しもすっぱいらっきょうも大好きです。気が遠くなるほど漬けてもすぐになくなってしまいます。こんな文化も伝えていきたいと思っています。

そして、園長先生のこだわりで給食の食器は山形県産の木の器を使っています。おやつにスルメを食べるので、スルメもお気に入りです。遠足や遠出の散歩には必ずスルメをかじっています。散歩で見つけたバライチゴやすかんぽも、よく知っています。つくしの頃にはどっさり摘んでうれしい春の味を堪能します。秋には椎の実をどっさり拾ってきて毎日のように椎の実パーティといってテラスでいろいろなクラスがやっているので、小さい子たちも一生懸命硬い皮をむいてほおばっています。「食べること」は保育の中軸になっています。

伝承遊び

コマの話

ひかり保育園では昔から伝わる伝承遊びを大事にしています。こどもたちはクリスマスのプレゼントにそれぞれの発達に合ったコマをもらって園全体でコマまわしに取り組み、夢中になります。四歳、五歳はひもでまわすコマに挑戦します。それまでに手指をたっぷり使っておくことも大切ですが、一つひとつ段階を示しておき、やってみたいと思えるようにしていきます。ひもでまわすコマは一見難しく感じるのですが、年長のこどもたちのするのをよく見て、今度は自分でと思っているので、自然と手をとって教えてもらっています。なんとかしてまわしたくて一生懸命になり、失敗しても失敗しても挑戦するこどもたちが、いいなと思います。コマはまわせるようになるまでも真剣ですが、まわせるようになるともっともっとおもしろくなります。

ひもでまわすコマにどう挑戦するか、一例をあげておきます。

①ひもを巻く、重ならないようにきれいに巻く、②ひもが巻けたら利き手でコマを持つ、ひも

が抜けないように小指で押さえて持つ、③コマを持って構える、④コマを投げてしっかり引く——こうして段階を踏んでするると、目標がはっきりしていきます。また、こどもの手は小さいので、はじめは軽くて持ちやすいものを用意したいです。そして気兼ねなくまわせるようにベニヤ板でコマ場を作っておきます。ホールやテラス、園庭にベニヤ板を二、三枚つなげておき、いつでも遊べるようにしておきます。

また、いろいろなまわし方もあってさらにおもしろくなります。台の上からまわす高まわしができるようになると、もう一台積んで一メートルほどの高さからまわすことに挑戦します。四歳児はこの高まわしに夢中になります。大きめの缶に入れる缶入れもおもしろくて楽しんでいます。引っかけ手のせや二重まわしも比較的簡単にできるので人気です。

五歳児になると、白木のコマになるので、技も巧みになります。しっかり引いて強くまわせるようになるまで修行します。自分のコマにお話の絵を描いて絵の具で染める（一四七頁 上写真）ので、まわすとみんな違ってほんとにきれいです。小さい子も見入っています。だんだんおもしろくなって今度は缶のせに挑戦していきます。大きい缶を持って始め、徐々に小さい缶に挑戦していきます。うまくなると、缶のせ園一周に挑戦です。両手にコマを持ってまわす両まわしにも真剣になります。利き手でないほうの手でまわすことに挑戦します。よく考えてコマのひもを巻かないとまわりません。だから、二つ持ってまわせるようになるのは憧れなのです。たまたま逆さにまわった時「傘みたい」と喜んで傘まわしと命名したり、ひもが抜けずにコマにくっついていたら「犬の散歩」と言ったり、こどもはおもしろくする名人です。

こどもたちと一緒に楽しんでいたら、コマの魅力にはまり、どこに行ってもおもしろそうなコマに魅せられ、たくさんのコマコレクションになってしまいました。それを並べてこどもたちと遊んでいます。そこで、「このコマ、難しくてまわせんのだよねー」と言ったら、すごく燃えて必死で挑戦しています。信州で見つけた叩きゴマだったのですが、こどもたちの粘り勝ちでまわしてしまうのですから、びっくりします。こどもたちの力はたいしたものです。そして、私も教えてもらうので、こどもたちはうれしくてたまらないのです。

竹馬の話

竹馬は年長組の秋に取り組むのですが、それまでに缶ぽっくりや竹のぽっくりで遊び、天狗の下駄に挑戦して遊びます。この天狗の下駄はこどもたちが天狗に夢中になっている時に園長先生が見つけてきて下さいました。低い下駄から順々に難しいものへと七段階の下駄があります。地面との接着面が面から線に、一番難しいものは点になっています。そして、高さも高くなっていくので、難しい下駄に乗れるようになりたくて真剣になります。天狗さんが見ていてくれると思っているこどもたちは、天狗さんに会えるような気がして楽しんで挑戦しています。私も一緒

様々な難易度の下駄を用意する（天狗の下駄）

になって乗ってみました。だんだん難しくなっていくので、私もこどもと一緒に悪戦苦闘していると、よけいにこどもたちは、はりきってしまいます。一番難しい接点が点の下駄はなかなか乗れなくて私もこどもとはり合って必死になったものです。こうして遊んでいるうちに手と足を協応して動かすことを学んでいきます。その遊びの延長線上に次に挑戦するものとして竹馬に取り組みたいと思います。

こどもたちは年長になったら、憧れの竹馬に乗るのを一番の楽しみにしています。九月にお父さんと一緒に作るのを心待ちにしています。お父さんと作ったその日から竹馬との格闘が始まります。まずは一歩出る、竹を離さずに前へピョンと降りることに取り組みます。一段の竹馬くらいの高さの台やベンチからその一歩が始まります。そうは言ってもそこがとても難しいことなので勝負どころです。はじめの一歩はこわさに打ち勝たなければなりません。励ましたり背中を押したりしつつ、友だちと一緒にすることで、勇気を出して一歩踏み出せるようにしたいと思います。降りる方法を伝えることでこわさを減らし、自分から一歩を踏み出せるようにして、見守ります。この一歩が出せるようになると、がぜんやる気になります。ここまでくれば、しめたものです。

一メートルごとに線を引いて目標に挑戦していくように励まします。「一のところまで乗れた」「五まで乗れるで見にきて」などと、はりきって挑戦していきます。友だちと競い合って教え合って楽しんでいるうちにみるみる乗れる距離が増えていきます。次はいよいよトラック一周に挑戦です。

しかし、一歩踏み出すことにつまずいてしまうと固まってしまい、身動きが取れなくて困ってしまう子がいます。そんな時は私が真剣に向き合ってつき合います。どこでつまずいているか、見極めなければなりません。うまくいく時はいいのですが、気持ちが萎えていることが多いので一筋縄ではいきません。他の保育士につき合ってもらったり、時にはお母さんの助けを借りることもあります。そうしてなんとかやる気を取り戻してほしいと向き合います。秘密練習に誘うこともあります。そうこうしてなんとか乗れるようになると、おもしろくなってきます。もう放っておいても大丈夫です。足の指の豆がつぶれてもバンソウコウを貼ってがんばります。もっともっとと乗れるようになりたくて、友だちと誘い合って竹馬に夢中になります。

竹馬の作り方

お父さんと一緒に竹馬を作りました。竹をノコギリで切るのはこどもが、竹を割ったり、針金で足台をとめたりするのはお父さんがします（針金を巻く時、こどもは竹を押さえています）。

材料・道具

真竹２本（直径３～４cm、長さ約160cm）、足台用の竹（馬の竹よりひとまわり太いもの、長さ約30 ～ 40cm）、細い竹（長さ約10cm）、布、ガムテープ・ビニールテープ、針金（16番）、ナタ、ペンチ、ノコギリ

竹の準備

・足台：長さ約30 ～ 40cmの竹をナタで２つに割る。節が２つあるといいが、１つでもいい。

← 30 ～ 40cm →

・馬の竹：２本の竹の節を下から３段くらいまで合わせる。必ず一番下に節をもってくる（割れないようにするため）。

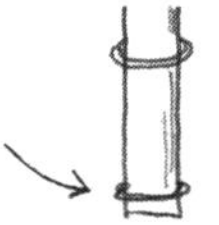

・細い竹：馬の竹に細い竹をつけるとこどもが竹をはさみやすくなる。10cmくらいの細い竹に布を裂いて巻き、馬の竹にビニールテープでとめる。

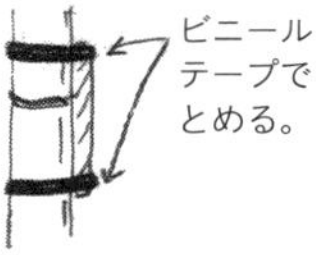
ビニールテープでとめる。

足台をつける

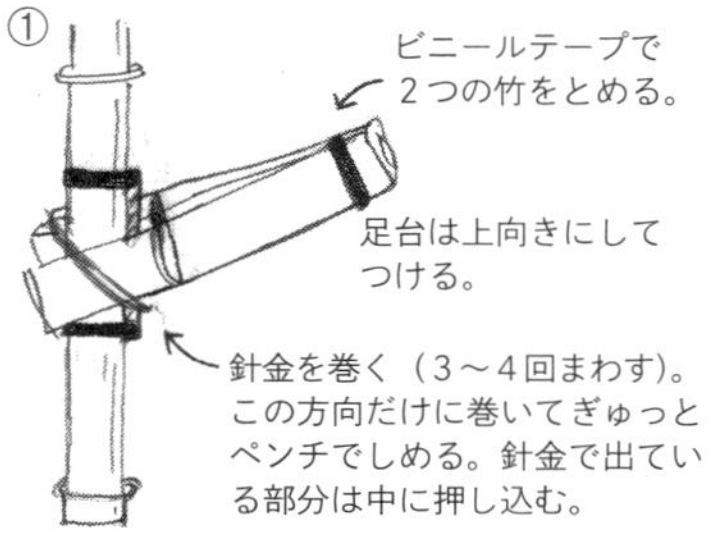
①
ビニールテープで２つの竹をとめる。
足台は上向きにしてつける。
針金を巻く（３～４回まわす）。この方向だけに巻いてぎゅっとペンチでしめる。針金で出ている部分は中に押し込む。

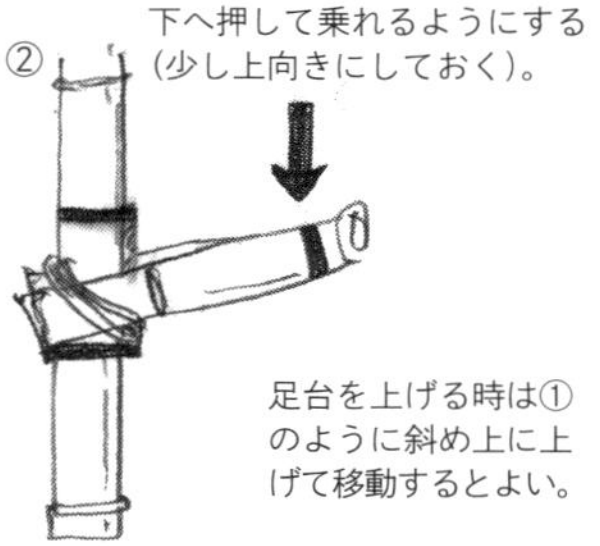
②
下へ押して乗れるようにする（少し上向きにしておく）。
足台を上げる時は①のように斜め上に上げて移動するとよい。

リズムは楽しい

音楽教育の会との出会い

さくら・さくらんぼのリズムをはじめて学んだのは、ひかり保育園の前に勤めていた名古屋のみよし・ほしざき保育園園長河本ふじ江さんを通してでした。その楽しさを身体で感じ、もっと知りたくなったものです。

その頃、大阪で保育問題研究会の全国集会がありました。音楽の分科会に参加して、大阪音楽教育の会会員で小学校教師の井出良一さんのお話に感銘を受けたのを覚えています。その日のうちに井出さんをつかまえて話をし、大阪音楽教育の会の例会に毎月のように通うようになりました。そこで、群馬の保育園のこと、その鮮烈なこどもたちの姿に、その暮らしに衝撃を受け、その質の高い保育に一歩でも近づきたいと思いました。丸山亜季さんのリズムとうたを学んでいきたいと思いました。

大阪に通い、井出さんの公開授業にも何回も通わせてもらいました。勝手に師と仰ぎ、尊敬し

＊『イーハトーボ小学校の春』井出良一 著、一ツ橋書房、1997年

リズム　側転

ている井出さんから学んだことは数えきれません。『イーハトーボ小学校の春』＊で描かれている分校での生活は、私ももう一度小学生になって、ここで勉強したいと思うような暮らしでした。「これをしたいと思ったらとことん調べること」「専門家といわれる人に聞いて納得するまで知ること」「おもしろがって調べること」と言われたことを思い出します。専門家に来てもらって授業をするとも言っていました。

その頃、大阪の例会では音楽の話を軸に、文学の話、歴史の話、体育の授業、そして星の話、星を見ること、絵の話、染め物の話も交流され、どれも新鮮でとても魅力的でした。ここでなんでもおもしろがって知ることの楽しさ、大切さを教えてもらった気がしま

♪「森は生きている」廣渡常敏 詞／林光 曲

リズム　カメ

す。そんな毎月の例会に行くのが楽しみで心待ちにしていました。丸山亜季さんのうたはもちろんですが、これまで歌ったことのないモーツァルトやシューベルトのうたまで歌えるのがうれしくて、リズムもドキドキしながら実際に自分でやってみると、楽しくてもっともっとと身体も心も動きだすようでした。モーツァルトのオペラ「魔笛」に出会い、宮沢賢治のことも学び、林光の「森は生きている♪」のうたとお話に夢中になりました。

音楽教育の会に通う中で、生活の中にうたがあり、リズムがあり、その中で身体も心もひらかれていく、「こどもが育っていくこと」のカギがここにあると思いました。そして、ことばで、身体で、うたで、絵で表現できることの喜びをどの子にも伝えたい、そうしてしなやかな身体と心を育んでいけたらと思うようになりました。

歩き始めた子が歩きたくて歩くように

以来、夏は毎年のように音楽教育の会の全国大会に出かけていきました。二〇一五年は群馬大会でずっと楽しみにしていました。共同研究者の丸山亜季さんが亡くなられてはじめての大会でした。

一日目から、群馬の人たちのこれまで積み重ねてきたものの大きさに心をうたれました。朝一番に始まったリズムが圧巻でした。私はこどもと保育士のリズムに向かっていく姿に目をみはり、もっともっとと動きだすこどもたちがこんなにもたくさんいることに感動していました。リズムが始まると、ピューンと飛び出していくこどもたちの、そしてその前を行く保育士の熱い思いが伝わってきます。「リズムは楽しい」。このことをこどもたちが、全身で語っていました。そして思いっきり力を出して席に帰ってくる時のあのいい顔に、「あー、リズムって、いいなー」と思いました。それが一つの保育園だけでなく、十八ヵ園、三百八十人ものこどもたちが集まってきてここでリズムをする、それをつくってきた人がいる、わかってくれる父母たちがいる、そのことのすばらしさ、集中力のすごさに私は魅了されていました。亜季さんの作ってきたものの大きさを、指し示してくれているものの確かさを改めて実感した大会でした。

「リズムをするって、楽しい」。足繁くリズムの会に通って真っ先に感じたことであり、自分の身体でつかんだことです。

若い頃、斎藤公子さんのさくら・さくらんぼのリズムの講義に参加して学んだことがあります。脱力することの大切さと無駄のない走り方です。どうしたら気持ちよく走れるのか、実際にやってみて知りました。身体をまっすぐにしてそのまま倒れて行って一歩出た体勢で走ると、自然なフォームで走れると言うのです。こういうふうに身体でわかっていくと楽しくなり、もっともっととやってみたくなります。風を切って走る心地よさを感じて、走るのがうれしくて飛び出していきました。

「○○が育つ」からリズムをするというのではなく、楽しいからリズムをする、このことを私は大

リズム　自転車こぎ

切にしています。

こどもたちはリズムをするのが大好きです。まだ歩けないこどもたちが、ウサギのリズムと一緒に身体が揺れてニコニコしています。小さいみきは腰を浮かせてピョンピョンリズムをとっていました。歩くようになると、膝を屈伸させてピョンピョンはねてウサギになっています。そうしているうちにピョンと一瞬、床から足が離れてとべたと大喜びしています。みんなにほめてもらって、もっともっととうれしくなります。いつの間にか両足とびができるようになって、ピョンピョンとんでウサギのリズムに夢中になっていきます。保育士がそういうことを見つけてリズムを作ると、こどもたちは自分の力をしっかりと出し満足して、もっともっとと楽しくなっていきます。前を行く保育士たちの姿や年長児のする姿を見て、「あんなふうになりたい」「もっととべるようになりたい」と思って一生懸命になるのがいいのです。

歩き始めたこどもが歩きたくて歩きたくてトコトコ歩くように、走れるようになると走りたくて走りたくて走るように、ピューンと走ると気持ちがいいからもっともっとと動きだしたくなる、ピョンととべることがうれしくてピョンピョンとんでいる、そんなふうにこどもたちとリズムを楽しみたいと思います。

みんなで絵を描く

描くこと・つくること

小さい頃から「描くこと」を大切にしてきました。どの子も絵に託して、たくさんのお話をして育ってほしいと願っています。ここでは一年を通して絵を描き続けてきた五歳児すみれ組の様子を紹介しましょう。

楽しかった時間を共有する

五月の連休明けの日、毎年のように絵を描きます。「お休みで楽しかったことを、教えてね」と言って始めます。しゅうは「お花いっぱいだった。遠いだに。車でいかんといかん」と目を輝かせていました（**絵6**）。

あいこは「動物園に行ったよ」と教えてくれました。

そして「メリーゴーランド」「コーヒーカップ」と言って次々に描いていきました。うれしかったあいこの気持ちが伝わってきました（絵7）。下を向いて過ごすことが多かったのが、少し慣れて家庭もだんだん落ち着いてきた頃でした。

絵6　「お花いっぱいだった」

絵7　「動物園に行ったよ」

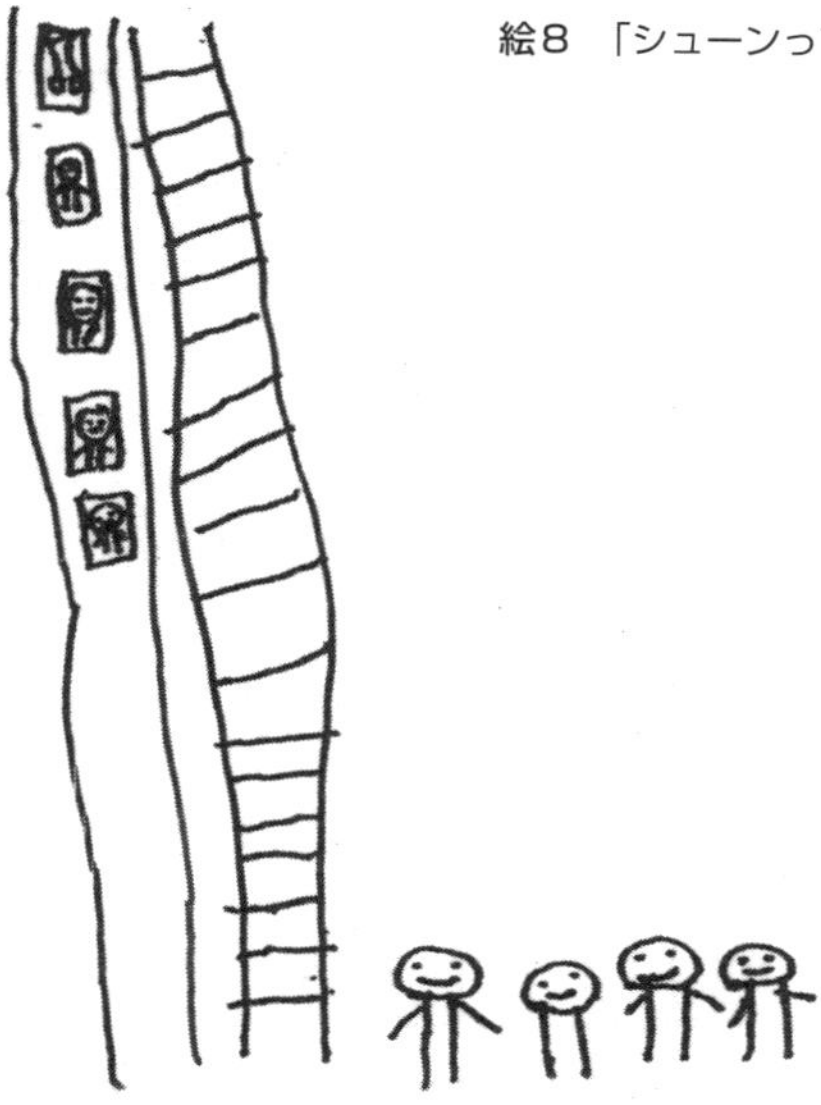
絵8　「シューンって滑るの楽しかった」

絵９　「山へ登ったよ」

こうじは「お布団みたいのがあって、乗って、シューンって滑るの楽しかった」と言います。どんな滑り台だったのでしょう。よほどおもしろかったようです。「やってみたいなー」と言うと「今度ひろこ先生も連れてってあげる」と言ってくれます（絵８）。こんなふうに話を聞いて、絵を見ているだけで楽しかった時を共有できるのです。

絵にあふれる躍動感

遠足の次の日、「みんなで山へ登ったとこ描こう」と、ゆうとがやってきて、一気に描きました。「ひこうきがとんでる。ガガガガガーって」と言って絵の中にまで字が登場して、音入りの素敵な絵が生まれました（絵９）。

さやはいっぱいのバライチゴに感激したのでしょう。野イチゴ山のイチゴ摘みが、すごくうれしかったようです。うれしかった気持ちが踊り出したくなるように揺れていました（絵10）。

はじめて、「ぼうけんのへや」にロープがついた日のことです。朝来たら、網登りのひみつ基地ができあがっていました。どうにかして登りたくて、何回も何回も挑戦しています。やっと登

絵10　「イチゴ摘み、楽しかった」

絵11　「ロープ登りはおもしろい」

絵12　県民の森への遠足「山へ登ったよ」

れた網の上はまるで天空の城のようです。この素敵な冒険をさっそくゆきが描いてくれました（**絵11**）。

県民の森の遠足に毎月のように出かけ、山登りを満喫していたこどもたち。この頃になると、心配だった子たちも自信がついたのでしょう。喜んで絵を描くようになり、友だちと一緒を楽しんでいます。とおるは泣きながらがんばってロープ登りができた頃から、変わっていきました。腕の力やぐっと力を出すことが弱かったのですが、お母さんも毎日つき合って下さり、友だちも一緒に挑戦してくれ、強くなっていきました。**絵12**は、そのとおるの力強い山登りの絵です。

しゅんとは身体の小さい子でした。ゆうじがいつもそばで応援してくれ、竹馬も竹登りも一生懸命挑戦しました。だから、みんなもしゅんとのがんばる姿をちゃんと見ていてくれて応援していました。そ

絵13 「みんなで登ったよ」

んなふうに自信をつけて描いたのが山登りの絵です（絵13）。

二人ともこつこつとよくがんばったと思います。みんなの中でうんと力を出す時、絵にも表れていきます。

心の中に住む天狗

お泊まり保育は大きな行事です。天狗さんに会いに行って、「力」を授けてもらい、友だちといっぱいの楽しいことをして、一緒に泊まります。楽しかったことを画面いっぱいに描きました。天狗さんに会えて、「『竹馬できますように』と頼んできた」「『逆上がり、できるように』って力もらった」などと天狗さんの話でもちきりです。どの子の絵にも天狗さんが登場していました。「花火も楽しかった」「ドラム缶風呂も入ったよ」「カレーも作った」と描きたいことがいっぱいあって、どんどん描き込んでいきました。この絵は次の日、絵の具で染めました（絵14、15、16）。

絵14　お泊まり保育「ドラム缶風呂に入ったよ」

絵15　お泊まり保育「花火が楽しかった」

絵16　お泊まり保育「天狗さんに会いに行けたよ」

絵17　『つばめがはこんだ南のたね』を読んで

お話の世界を描く

六月頃になると、長いお話をとても楽しみに待つようになりました。続きを楽しみにしながら、読む本も増えました。『つばめがはこんだ南のたね』*の話が気に入って、来る日も来る日も読んでいた時のことです。たつとが、流れるようにお話を絵に描いてくれました（絵17）。

大好きになったお話があります。『龍の子太郎』*『ホップ・ステップ・ジャンプくん』*『チポリーノの冒険』*『エルマーのぼうけん』*『いやいやえん』*『ちいさいモモちゃん』*『ロボット・カミイ』*などなど、大好きなお話をサンタにもらったコマに続くように描いていきました。中には、ひもまで描いた子もいます（一四七頁 上写真）。

＊『つばめがはこんだ南のたね』斎藤公子 編集／朝鮮民話／チエルシノヴァ 絵、創風社
＊『龍の子太郎』松谷みよ子 著、講談社
＊『ホップ・ステップ・ジャンプくん』加藤暁子 文／三好碩也 絵、創風社
＊『チポリーノの冒険』ジャンニ・ロダーリ 作／関口英子 訳、岩波書店

＊『エルマーのぼうけん』ルース・S・ガネット 作／ルース・C・ガネット 絵／渡辺茂男 訳、福音館書店
＊『いやいやえん』中川季枝子 作／大村百合子 絵、福音館書店
＊『ちいさいモモちゃん』松谷みよ子 著、講談社
＊『ロボット・カミイ』古田足日 作／堀内誠一 絵、福音館書店

サンタにもらった白木のコマに自分の好きなお話を続くようにと絵の具で染める

日々の取り組みとつなげて

夏の間はプールに明け暮れたこどもたちですが、よく紙を持ってきて思い思いに描くのを楽しんでいました。秋、がんばろう会に向かうこどもたちはなわとびのなわを編めばなわとびをしている絵を描き、竹馬一色になると、絵の中にも竹馬が登場します。はちまきを染める時に、大きいのぼりも二つ染めて作りました。祭りののぼりをイメージしてがんばろう会に立てたいと思ったのです。

また、大きなバック紙を使って持ち寄り製作をしました。みんながそれぞれに描いて壁画のように飾りました。一つは竹馬の絵で、もう一つは「がんばるぞ、オー」をしているところを描きました。のぼりや大きい絵も飾って、がんばろう会には思いっきり力を出し、大きな自信になりました。その力で天狗さんの

山、石巻山へと向かいます。どこまで歩ける会の一大イベントを一日中歩いてやってのけます。がんばり賞の表彰状には次の日に描いた絵と頂上で写した写真が入れてあり、表彰式で、園長先生から表彰状を受け取ります（一四五頁　左下写真）。父母やこどもたちの前で、とても誇らしげなこどもたちでした。その後で天狗さんにお礼の手紙のかわりにみんなで障子紙に石巻山に登った時の絵を描きました（一四五頁 右下写真）。

冬には、クリスマスのプレゼント袋を作ります。絞ってそめーる絵の具で絵を描き、マリーゴールド、たまねぎ、茜、抹茶で染めます。それを袋に縫いました（一四六頁 左上写真）。前にはちまきを細かく縫って作った経験があったので、この袋は余裕を持って楽しんで作っていました。

卒園の頃

卒園の頃になると、自画像に挑戦します。自分で鏡を見て発見したことを話し合って、よく見て描くことにここではじめて取り組みました。筆圧も強くなってくるので、鉛筆で丁寧に描きました。また、おひなさまはオーブン陶土を使いオーブンで焼いて作りました。三色の陶土のその子らしいおひなさまができました。おひなさまの敷物に織り機で織った毛糸の織物をしくと、かわいいおひなさまになりました（一五〇頁　上写真）。こうしてたくさんの絵を描いてたくさんの手仕事をして卒園に向かいます。

写真で見るすみれ組の作品

お泊まり保育（70頁）
上：お泊まり保育を前に天狗さんへの思いを絵手紙に（6月）

どこまで歩ける会（11月）
（93頁～、144頁）
下：歩ききった一人ひとりにおくられた表彰状（翌日描いた絵と頂上で撮った写真）
右：天狗さんにみんなでお礼の絵を描く（障子紙1枚分）

クリスマス（12月）
右上：みんなで作ったクリスマスツリー
左上：絞り染めで作ったプレゼント袋（144頁）
下：パラフィン紙に『森は生きている』のお話の絵を描いて作った灯り

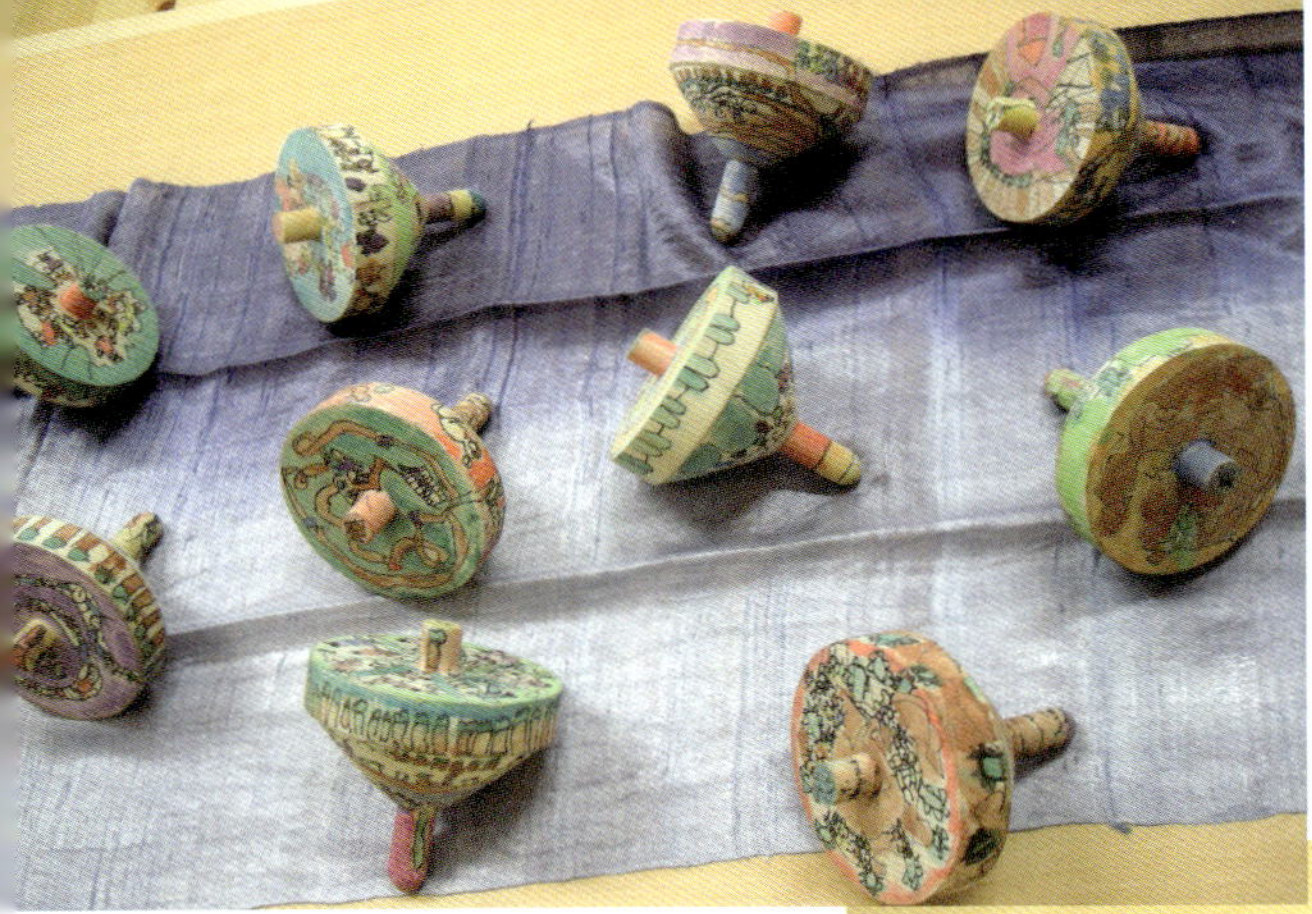

白木のコマにお話の絵を描く（12月）
（124、142頁）

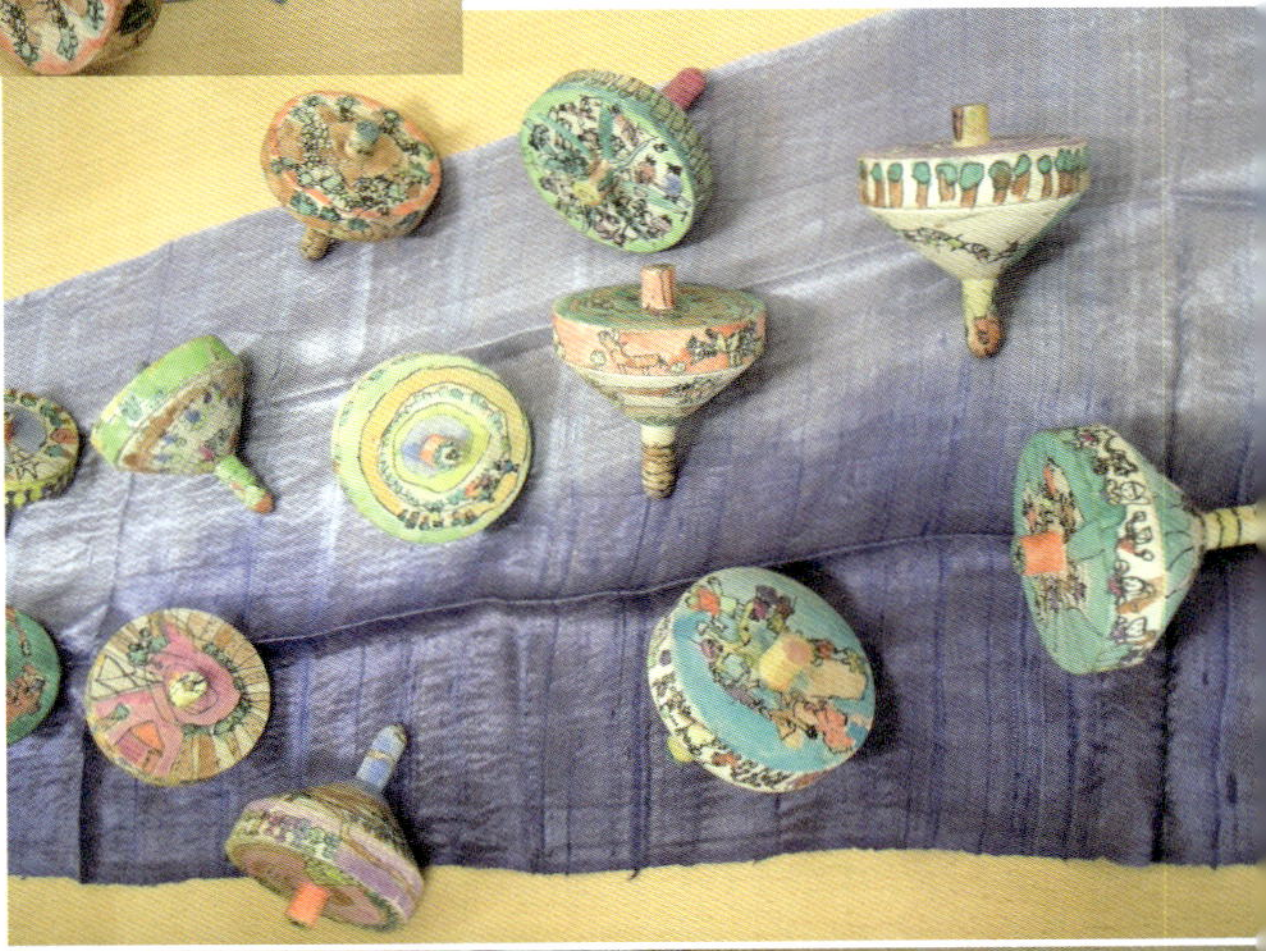

種から育てた
大根の絵を描く（1月）

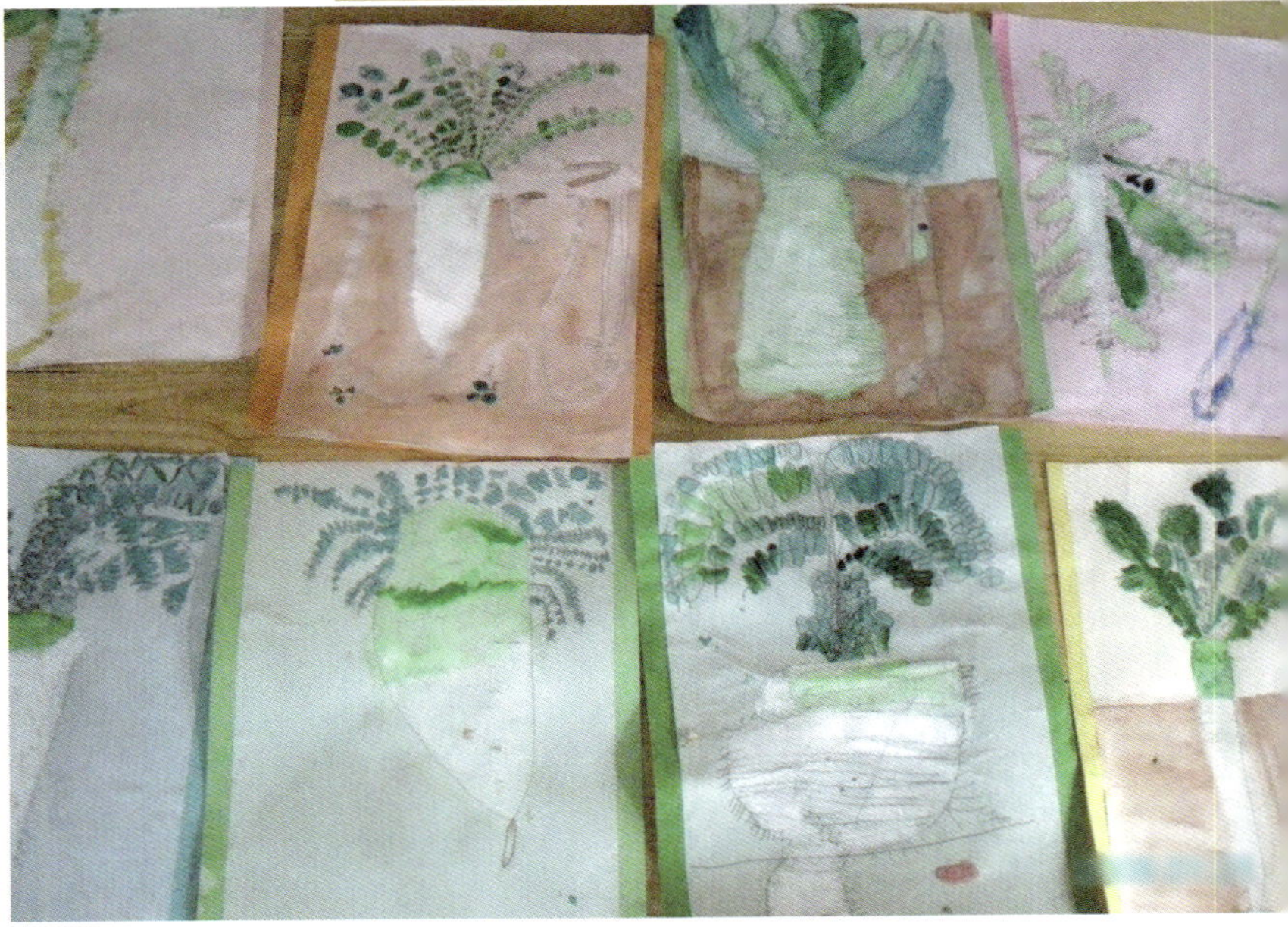

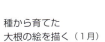

『てぶくろ』（ラチョフ 絵／内田莉莎子 訳、福音館書店）の続きのお話を描く（１月）

卒園アルバムの表紙の絵（2月）
『てぶくろ』の続きのお話を作る

節分（2月）
張り子で作った鬼の面

ひなまつり（3月）（144頁）
オーブン陶土で作ったおひなさまと
織り機で織った毛糸の敷物

卒園証書（3月）（110頁〜）
左：中
下：カバー
証書は紙すきして作り、文字は園長先生の直筆。仲間との写真、自画像とともに。
カバーは絞り染めした布で作り、「ひかり保育園で一番楽しかったこと」を描いた。

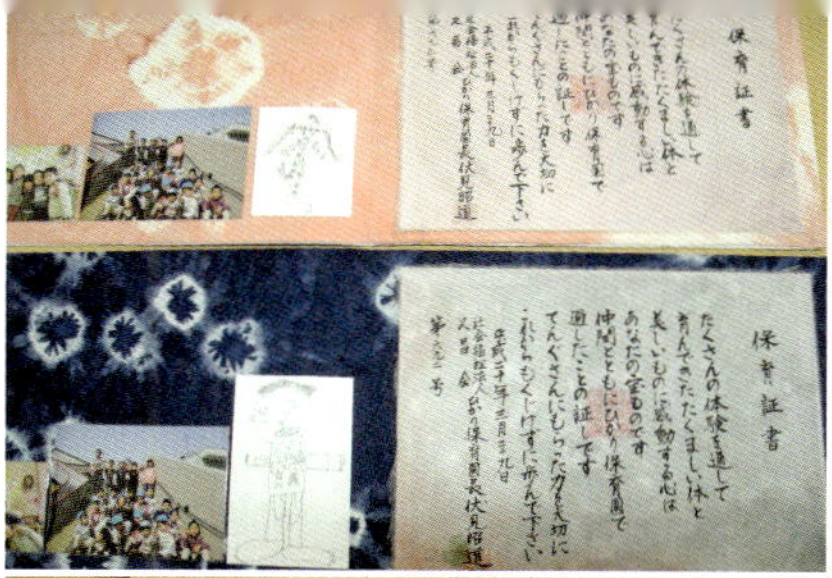
保育証書
保育証書

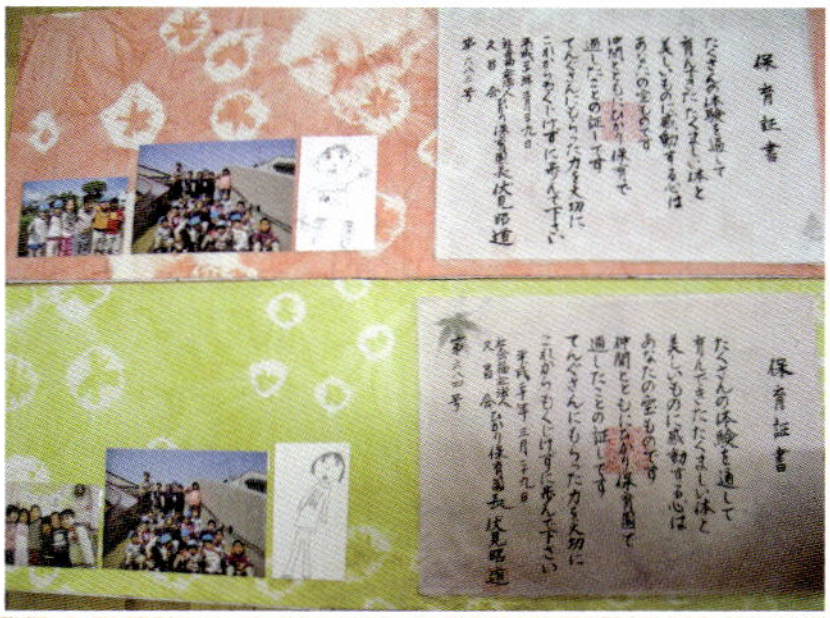
保育証書
保育証書

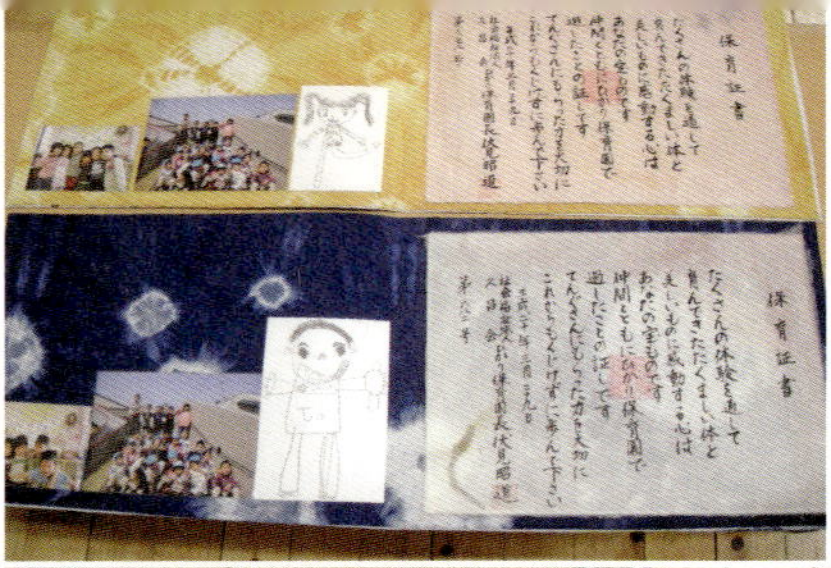
保育証書
保育証書

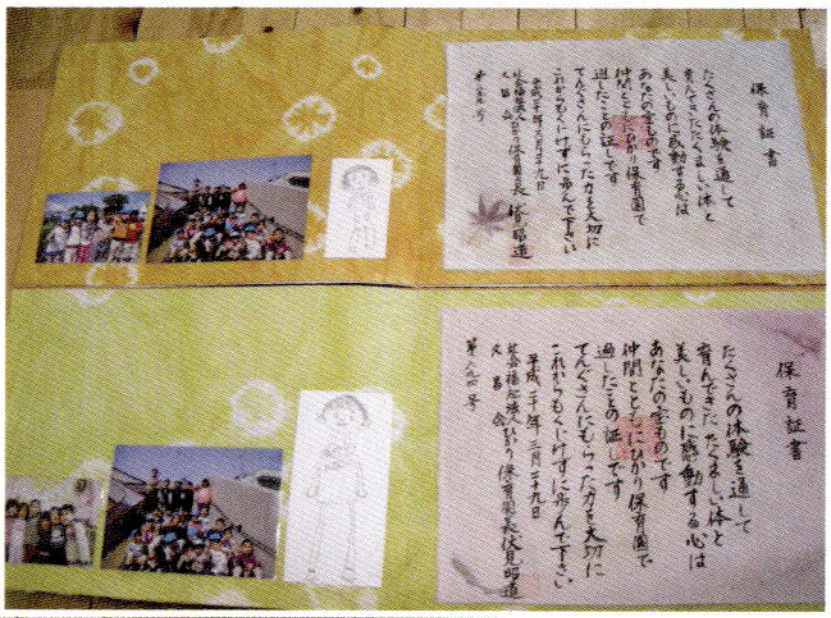
保育証書
保育証書

おわりに――保育に生きる

ずっとこどもたちと一緒に暮らしてきたことに喜びを感じます。たくさんの人と出会い、たくさんのこどもたちと出会い、どれだけのことを教えてもらったことでしょう。こんなふうに暮らせてとても幸せだと思います。

私は、愛知県立大学スペイン学科を中退し、夜間の愛知県立女子短期大学児童福祉学科に入学しました。それとともに、名古屋市南区にある社会福祉法人名南子どもの家みよし保育園に就職することができ、幸運な保育人生が始まりました。みよし・ほしざき保育園で、河本ふじ江さんや柘植節子さんに一から教えてもらいました。ここでの保育が私の基盤になっています。今でも大切にしていることがあります。「一人ひとりのこどもに大切に向き合って保育すること」「こどもたちと父さん母さんたちと職員集団仲間たちとみんなでつくる保育のすばらしさ」です。

何もわからないで右往左往するばかりだった私は、先輩の真似をし、一緒にこどものように遊ぶことで、いつの間にか保育の楽しさを身体で感じていました。この時、夜、学校で学ぶことができたことも大きく、しっかりと地に足をつけて歩いてこられたように思います。

若かった頃、父母のみなさんがとてもまぶしく感じられたものです。「大丈夫だよ」といつも私の背中を押して下さいました。ここで先輩たちや父母のみなさんに育ててもらい、「おおらかな心でこどもとつき合うこと」を教えていただきました。そして、河本園長に連れて行ってもらって、様々な学習会に参加したことも私の財産になりました。とはいえ、わが子の入学を控え、その上、東三河の豊川から名古屋に毎日通うことの大変さも相まって、十年間お世話になったみよし保育園・ほしざき保育園を退職しました。

伏見昭道園長先生

やめても保育という仕事は続けたくて、自宅の近くの保育園で臨時保育士として働き、一年後、正規で働けるようになりました。ここがひかり保育園でした。ゆったりと保育ができる環境にも恵まれ、三歳以上児の保育のおもしろさに魅かれていきました。少し前から通っていた大阪の音楽教育の会の例会で学ぶことのおもしろさに魅き込まれていきました。ここで伏見昭道園長先生と出会えてとても幸せでした。前年度公立の代替保育士として働いた時、どう自分の保育をつくっていけるのか悩んでいたので、目の前が開けるように思えました。園長先生も私も若かった当時、おもしろがって話を聞いて下さったり、願いを叶えて下さったり、保育への熱い思いを語り合ったものです。

その頃は六十名定員の小さな園でした。遊び心あふれる園長先生にたくさん助けてもらい、こどもたちと、お母さんお父さんたちと、小さい保育園のよさを存分に活かして思いっきり楽しい毎日をつくっていました。園長先生の度量の広さに見守られて、私ものびのびとこどもに向かうことができ、とても感謝しています。以来三十年、保育を続けてこられたのも、ひかり保育園だからできたことだと思っています。今では主任のゆうこ先生というパートナーに恵まれ支えられて、若い保育士や職員のみなさんと一緒にひかり保育園の保育をつくる楽しい日々を送っています。「ひかりのこどもで、よかったよ」と卒園の時に歌ったこどもと同じ気持ちで、いい仲間たちに囲まれて暮らすことの喜びを感じています。

この本の原稿は、乳幼児保育研究会で報告させていただいた実践がもとになっています。研究会の中で何度も討議・検討を重ね、だんだん実践記録らしくなっていきました。この中で多くのことを学び、何を大切にするかを考えさせられました。また、記録の書き方・伝え方について、丁寧に教えていただきました。この研究会には、『乳幼児の世界』（勅使千鶴編著、鳩の森書房、一九七四年）の作成メンバーたちが引き続き『乳幼児の遊び』（土方弘子・勅使千鶴編著、ミネルヴァ書房、一九八一年）の検討に取り組んでいるところへ、河本園長に連れられ参加し、以来四十年を越え、ここで学び、育てていただきました。毎月の例会に加え、夏には数回合宿研究会が行われ、保育のもとになる理念・考え方、保育実践のあり方、記録することの大切さを学び、保育することの楽しさ、大切さを教えてもらいました。途中、休んでいた時も、子育てで忙しい時も、子連れ参加を快く受け入れて下さったりと、いろいろな面で支えていただき、続けてくることができました。そして、いつまでも前を向いて歩いて行かれる先輩方の背中を見て、私も歩いて来られたと思います。ここまでこぎつけることができたのも勅使千鶴先生はじめ研究会の皆様方のおかげで、感謝の気持ちでいっぱいです。

最後になりましたが、たくさんのこどもたち、お父さんお母さんたちに出会えて幸せでした。本当にありがとうございました。ずっと私を支えてくれている家族にも感謝しています。そして、本書の発行にあたり尽力して下さったひとなる書房の松井玲子さんに心よりお礼を申し上げます。

ますます生きにくくなっていくこの時代に、政治の進む方向に疑問を感じ、こどもを守ることができなくなっていく危機感を覚えます。憲法九条を守り、平和を守ることは、こどもたちの生命を守ることにつながっていくと思います。こどもと暮らす、あたりまえな暮らしこそ、大切にしたいと思います。

二〇一九年三月　退職をひかえて

藤田裕子

解説

子どもとともに活動し、一人ひとりの力を引き出す保育

――藤田裕子さんの保育実践に学ぶ――

日本福祉大学名誉教授　勅使千鶴

I　ひかり保育園と園長の伏見昭道先生のこと

――藤田裕子さんの実践を引き立てる背景――

二〇一八年十二月中旬、快晴の寒い日、ひかり保育園を訪問しました。藤田裕子さんの実践の背景にある園の環境、保育の実際への興味、なによりも藤田さんの実践を後押しされるひかり保育園園長伏見昭道先生のお話を伺いたいことからです。

園に着いた時、散歩に出かける期待に充ちた子どもたちと登り壁を一生懸命よじ登る子どもたちの元気な姿に出会いました。次に笑顔の園長先生（一五四頁の写真）の出迎えを受け、お話の後、園内を案内していただきました。園の玄関（六頁の写真）の壁に、園で講演した折に描かれた絵本作家長谷川義史氏の絵が掛けられ、その下の戸棚の上には芸術院会員山本眞輔（名古屋市立大学名誉教授）氏の彫刻が置かれていました。真正面には竹や木、その他の素材で作られた日本の伝統的な道具や作品が多く陳列されていました。廊下だけでなく部屋（七頁の写真）にも作品が設置され、幼保連携型認定こども園こどものもり（埼玉県松伏町）の環境構成を思い出し、子どもたちに伝統文化、本物の文化を伝えたいという園長先生の願いが伝わってきました。

ストーブが焚かれ、私たちが部屋に入った時、園長先生がストーブに近づき薪を焼《く》べられました。おやつを食べていた二歳の子どもたちがその様子を温かそうな目で見ていた姿が印象的でした。

階段を上って二階の渡り廊下の左下を見ると、子どもたちが乗り移る網とその中に二つの穴袋と「ぼうけんのへや」（六頁、六八頁の写真）から登ることができる二つの登り袋を見ました。二階から網に移り、ジャンプして穴に入る、下から上に登り網に移るという一連のあそびができます。渡り廊下の突き当たりには絵本や造形の道具が置かれ、特別支援を必要としている子どもたちの居場所になっています。お泊まり保育の時には、天狗から話を聴く場所にもなっています。

驚いたことに、「想像上の世界」を創るため、子どもの夢を壊すことなく、この「集いの場所」から一階にすり抜けられるよう、忍者よろしく床に「抜け穴」が作られていました。日常的にはその穴には鍵がかけられ、子どもたちは誰もそれには気づいていないそうです。天狗は部屋を去る時、蓑を持って部屋の前を通らずに穴から下ります。園長先生の「あそび心」とともに、子どもたちの「想像する力」を育む環境づくりに力が注がれていることを実感しました。子どもたちから「天狗さんの声は園長先生みたいだった。園長先生が天狗じゃないの」と問われることもあるそうです。そんな時園長先生は「天狗さんは、お母さんの声も、子どもの声も、赤ちゃんの声も、園長先生の声だってどんな声も出せるんだよ」と応えると、「そうか」で終わるそうです。保育界で行われている「忍者の実践」を連想させられる「想像上の世界」を育む話でした。

「集いの場所」を背に渡り廊下の先にある五歳児の部屋には、子どもたちが炊事する調理台があり、壁にはプレゼントのコマを入れる絞りの布袋が貼られていました。「コマを袋に入れたら、袋を園のどこかに隠して子どもたちに探させることにしています。今の子どもたちは目の前から物がなくなると探しもせず、すぐ新しい物を要求し、大人もそれに応じてしまうので、子どもたちにこのことの具合の悪さを考えさせたいから」という園長先生の「いたずら心」つき「子育ての哲学」の一端に触れました。

園庭には実のなる木が何本もあり、この日も子どもが木に登って実を採り、食べているのを見ました。子どもたちは畑で多くの野菜を作っていますが、クラスで食べきれない分は小さい組に分け、それ以上の残りは親に売り、売り上げは遠足に行く費用に充てるそうです。

二階のテラスに音符を載せた楽譜、園のコンクリート塀には子どもの目の高さに四角く切り取った空間があり、そこにチョウチョ、トンボ、蟬、かたつむり、蛙、とかげ、芋虫、バッタを象ったアイアンの作品がくみ入れられ、ここにも「文化や自然を身近に感じる子どもたちに」という園の願いを見ました。

Ⅱ

藤田さんの保育実践

この記録は、十年ほども前の実践ですが、私たち乳幼児保育研究会のメンバーは二つの理由から皆さんに読んでいただきたいと考えました。第一は、この実践の「根底に流れる保育」が、現在もなおひかり保育園で行われ、日本の先進的な保育・教育実践との共通点があり、「古い実践」ではないということです。第二に、この実践は、二〇一八年に施行された保育所保育指針、幼稚園教育要領、幼保連携型認定こども園教育・保育要領（以下、指針、要領、教育・保育要領と略す）に提示された内容を超え、新たに実践を考えている人に保育・教育の真髄といくつもの実践のヒントや教材の作り方を提示しているからです。今少し指針、要領、教育・保育要領を本実践との関係で述べます。

今回とくに指針等で強調されているのは、「育みたい資質・能力」（「知識及び技能の基礎」「思考力、判断力、表現力等の基礎」「学びに向かう力、人間性等」）および「幼児期の終わりまでに育ってほしい姿」（「健康な心と体」「自立心」「協同性」「道徳性・規範意識の芽生え」「社会生活との関わり」「思考力の芽生え」「自然との関わり・生命尊重」「数量や図形、標識や文字などへの関心・感覚」「言葉による伝え合い」「豊かな感性と表現」）です。これらの内容は、十年ほど前の藤田さんの実践にすでに十二分に含まれ、あそびや総合活動を通してそれ以上のことが実践されていることに注目したいと思います。紙幅の関係でここにひとつずつ検証できないのは残念ですが、読者の皆様にこの記録から読み取っていただけることを期待します。

ところで、この記録は、藤田さんの四、五歳児の実践の真髄が伝えられるところに焦点を当てています。次に、限られた紙幅で私の視座からこの実践を読み解きます。

1　子ども観・保育観・指導観

藤田さんは、「園の保育目標のもと、どの子も力をもって生まれているから一人ひとりの力を十二分に引き出す保育をしたい。これが専門職としての保育者の仕事だ」と考えています。子どもがもつ力を引き出すには、①一人ひとりの子どもの様子（顔つき、身ぶり、動作、ことば、心の中の叫び等）を観察し、声を聴き、把握し、子どもの声なき要求も受容することが大切だ（一六頁）としています。受容した後、②指導することになるのですが、藤田さんの指導は実に緻密です。まずは、㋑子どもの発達を踏まえ、㋺その活動の一週間、一ヵ月、一年先、卒園までを見通し、㋩子どもが思うように行動をさせ、保育者はそばで見守るだけ、㋥少し声をかけ、見守るだけ、㋭手本を示し、上手くいっているかを見届ける、㋬手を添え、しかたを教える、など子どもの発達段階やその時の気持ち、その子どもとの距離感を考えて指導をしています。それと同時に、㋣発達段階にあった環境の設定と教材・教具の準備をしています。また、㋠活動と活動をつなげ、㋷その活動は、担任だけで行うのか、園長先生や他の職員、父母の方々の力を借りるのか、「天狗を登場させる」のか、を熟慮して活動に取り組んでいます。

これらは、藤田さんがみよし保育園・ほしざき保育園時代に身につけた視座と行動様式ではないかと私は見ています。その一つとして、藤田さんの「〇歳児　あそびの芽を育てる」「一歳児　共感し合ってあそぼう」（『乳幼児のあそび ― 幼稚園・保育所におけるあそびの指導 ―』土方弘子、勅使千鶴編著、ミネルヴァ書房、一九八一年）を挙げることができます。

2　本物の自然と文化のなかで暮らしを創造する

藤田さんの五歳児の実践では、一年を通して「天狗の世界」を創造し、「想像上の世界」をいろいろな場面でいろいろな形で張り巡らせていることが特徴です。そして、いろいろな活動で、子どもたちに天狗への憧れ、期待、希望の気持ちを起こさせ、時には天狗の力を借りて新たな活動への挑戦を導いています。そのことは、天狗の活動のなかで、子どもたちが「本当の世界」と「想像上の世界」を行きつ戻りつし、結果的に子どもたちが抽象的な思考の入り口に到達することを考えているからです。ごっこあそびの世界と同じように三歳以上の子どもの思考の発達にとって大切な活動を意識的に取り組んでいるのです。なお、子どもたちは小学校低学年を過ぎると「天狗の世界」から卒業をしていくと園長先生は話して下さいました。

(1) 園の暮らしの基礎

イ　環境づくり

ひかり保育園の園舎、園庭は広くはありませんが、子どもたちが園内で遊び、いろいろな活動をすることに注目し、設計されていました。子どもたちが「保育園は楽しいから、また、明日早く行くね」というように園の空間は大事な保育の外的条件になっています。さらに、「人らしく育つ」場として、園の外にある自然環境をダイナミックに使用することを必須条件にしています。園のまわりの土手、堤防、川と川原、県民の森、登山のできる山などがそれです。それらを舞台に遊んでいる様子が記録されています。また、園から目的地に到着するまでの多くの自然物（小動物、昆虫、花、草や木など）に触れ、「センス・オブ・ワンダー」の世界で子どもたちが体験することを大切にしています。

ロ　子どもが「人らしく育つ」ための暮らしづくりの基礎

藤田さんや園長先生は、日本の先達がつくってきたあたりまえの暮らしを子どもたちに伝えることの大切さを意識し、保育を展開しています。

第一は、人として最も基礎となる「食べること」に注目し、食べる素材とともに「食べることが楽しい」という経験を豊かにしています。さらに、食器にも気を配り、茶碗と湯飲みは瀬戸物、小・中・デザート皿と吸い物のお椀、箸、スプーン、フォークは食器洗浄機で洗っても傷まない山形県産の木の品を採用しています。

第二は、「自分のことは自分でする」子どもに育てるには、大人から自立し、さらに自律して自由に行動できる力をつけることが考えられています。七四頁にある基本的生活（習慣）活動がその例です。必然的な活動を系統的に組み、家庭と園が連絡をとり合って協働し、実践を展開しています。

（2）園の暮らしのなかの楽しい活動

イ　うたとリズム、絵画、そしてものを作って、暮らしのなかで使うこと

藤田さんの「人らしく育てる」基底に、うたとリズムは欠かせない活動として位置づけられています。心からお腹の底からいつも楽しく歌い、リズムに乗ってしなやかに自由に身体で表現することが人として大切だとしています。そのため、子どもの願いや行動に合ったうたとリズムを効果的に子どもたちに提示できるよう、

藤田さんは、埼玉県深谷市にあるさくらんぼ保育園、群馬や大阪の研究会で研鑽を積み、教材・教具や指導方法を追求しています。

絵画活動もさくらんぼ保育園の実践から学んでいます。しかし、感動した、面白かった、絵本や話・活動の場面を描くにとどまらず、筆圧がしっかりした時点で対象をじっくり観察して描くこと（一四七頁の下の写真）、鉛筆で自画像を描く観察画（カバーおよび一五〇～一五二頁の写真）を導入しています。

ものづくり活動も大切にしています。これらは、①活動で使用するもの（例 お泊まり用のパジャマを包む風呂敷、カレー皿等）を作ること、そのためには、②本物（いつまでも使いたいもの）をねらい子どもとともにそばで藤田さんが一緒に作ること、③作ったものは大事に使うこと、を考えています。こうした実践は、昨今、自分の作ったものが気に入らず、担任の先生や大人の見ていないところで製作したものを壊し、捨てる子どもの姿にどのように対処するかの回答にもつながるのではないでしょうか。

ロ　ことばと絵本

藤田さんは、子どもたちがうたや絵本、話し合いで聴く豊かなことばを感じ、自分のことばで表現し、絵に表すことに気を配っています。子ども観、保育観が読み取れる絵本や少し難しい内容とも思える物語やうたも教材に選択しています。また、六五頁にあるような毎日の生活の中で、子どもたちの経験を通して、自分のことばで自分の思いを相手に正しく伝えることを子どもたちに経験させています。

八　小動物、植物との出会いと飼育・栽培、畑作りと野菜の販売

藤田さんは、子どもたちが昆虫、小動物を自分で捕まえ、育て、放す過程を保育に取り入れています。子どもたちは、昆虫、小動物の愛おしさと生命への興味、関心、不思議心に気持ちを寄せています。また、エノコログサ、ホトケノザなどを採り、それらで遊び、アンズ、木イチゴ、イチジク等を木から採り、ジャムにして楽しんでいます。また、野菜作りで種や苗を植え、水やり、草取りなどの世話をし、収穫をし、調理をしたり、調理をしてもらったりして食べることを楽しんでいます。園で作っている野菜（一二〇頁、一二一頁）のいくつかは、他の幼稚園や保育園ではあまり選択されていないのではないでしょうか。前述のように余った分は、小さい組に分け、残りを親に売って、売り上げは遠足の費用に充てるという、単純な幼児版の「労働的活動」になっています。

二　あそび

室内、園庭、園外、土手道、河原と川の水の中、山で声を立てて遊ぶ子どもの様子が写真とともに藤田さんの文章で知ることができます。また、各種鬼ごっこ、円形・方形ドッジボール、なわとびや伝承あそびといわれる草笛吹き、竹馬乗りやコマまわしなど嬉々として遊ぶ子どもの様子は、この実践の大切な部分です。

あそびは面白いことが真髄です。子どもたちが面白さを追求するために、藤田さん自身があそびの中で、①ガキ大将になって楽しく遊んで見せ、②遊ぶ環境を選び、時には構成し、③発達段階や技術の習得段階を考え、遊び道具を用意し、時には子どもたちが作った道具を使い、④子どもたち同士で技を教え合う状況もつ

くっています。また、⑤難しい技を追求できるあそび道具を提示しています。竹馬乗り、コマまわしがその例です。⑥子どもたち同士で競い合うあそびでは、チャンピオンになった子どもに褒美として、「ひろこ先生のぐるぐるまわし」があります。四歳児、五歳児は、まだまだスキンシップを求める発達段階にあります。「ぐるぐるまわし」をしてもらいたくて、我も我もと先を争ってあそびに挑戦をしていきます。この様子は、乳幼児保育研究会で検討した「毛虫はぼくらの友だちだ」『一年生の四季』(鈴木孝雄、草土文化、一九七七年、二九〜四〇頁)の実践を想い起こさせました。

ホ　総合活動

お泊まり保育では、親と離れて泊まるだけではなく、夕食のカレーを盛るカレー皿作り、パジャマを包む風呂敷作り、天狗に力をつけてもらうお願いペンダント作りをするというように、一つの活動を楽しく豊かにさせるためにそれと関連する活動を組織しているのが特徴です。県民の森に行く時、石巻山に登る時、がんばろう会の時、どこまで歩ける会の時などその活動と他の活動を組み合わせた総合的な活動になっています。

Ⅲ　藤田さんの保育実践に惹かれる根源は

―実践を追求することと研究会に出席し、学ぶことの統一―

最後に、藤田さんの豊かな感覚・感性、保育実践を生み出す根源について述べます。

目の前の子どもたちを真ん中に、保育者（＝同僚）、父母とともに実践を進めることを保育の信念に、藤田さんはいろいろな保育・教育研究会に参加し、常に新しい保育・教育理論と実践を学び、自分の感覚・感性を磨き、教材・教具を作り出しています。家事、育児、仕事で大変な時でも、根っからの明るさで乗り切り、各種研究会に参加しています。豊川から名古屋、さらに大阪や群馬まで出向いての研究会参加は時間的にも金銭的にも大変ですが、それ以上に研究会で学ぶことは多く、「おつりがくる」と話されています。

このように、「自分の実践を創造し、一方、研究会で新たな理論の学習・研究および他の会員の実践から学ぶこと」を同時に進めているところに、藤田さんの実践とその記録に魅力を感じさせる根源があると私は考えています。

藤田さんが出席する研究会のなかに私たちの乳幼児保育研究会があります。藤田さんの実践を検討し、そこから学んだ私たちのこの研究会は、二〇一九年で四四年目に入りました。当初、研究会についてきた子どもたちは、五十歳近くになっています。最近では〇歳の赤ちゃんが来ています。私たちの研究会は、保育者と研究者が老いも若きも対等・平等で意見を述べ、世界的な視座で、保育制度や保育理論、実践、保育問題などいろいろな課題をテーマに熱く討論をしている集団です。研究会のメンバーは、『レンガの子ども』（編著、ひとなる書房、二〇〇九年）の執筆者である河本ふじ江さん、『子どもたちの四季』（共著、ひとなる書房、一九九〇年）の宍戸洋子さん、『3歳　いれて　いいよっていえるよ』（共著、旬報社、一九九二年）の木村和子さんというベテランと、愛知で地道に実践や理論研究をしている中堅と若手がいます。現在、新しいメンバーが加わり、活気に充ちています。

藤田 裕子（ふじた ひろこ）
1977年３月　愛知県立女子短期大学 卒業
1974年　社会福祉法人名南子どもの家 みよし保育園（名古屋市）に勤務
1981年　同法人 ほしざき保育園（名古屋市）に勤務
1985年３月　同園　退職
1986年　社会福祉法人久昌会 ひかり保育園（豊川市）に勤務
2019年３月　同園　退職

勅使 千鶴（てし ちづ）……解説
日本福祉大学名誉教授

本文・カバー写真　ひかり保育園および筆者撮影
カバーデザイン　山田 道弘
カバーイラスト　本書収録実践に登場するすみれ組のこどもたちの作品

こどもと暮らす——「自ら動きだす力」を育む保育

2019年３月26日　初版発行

著　者　藤田 裕子
発行者　名古屋 研一

発行所　㈱ひとなる書房
東京都文京区本郷2-17-13
TEL 03（3811）1372
FAX 03（3811）1383
Email：hitonaru@alles.or.jp

 印刷／中央精版印刷株式会社